Ruth Mätzler

KITSCH
und
PERVERSION

Was sich hinter der Fassade
sentimentaler Inszenierungen verbirgt

müry salzmann

Für Karl und Julius

Sämtliche Namen und zahlreiche biografische Details der in diesem Buch vorkommenden Privatpersonen sind geändert und haben somit keine konkrete Entsprechung in der Realität. Besondere Sorgfalt habe ich bei der Fallgeschichte walten lassen, die im Kapitel „Kitsch und Film" eine illustrierende Rolle spielt. Es ging mir darum, bestimmte psychische Mechanismen exemplarisch darzustellen: Die Person des Herrn Blum ist insofern eine Kunstfigur, als sich in ihr – allerdings durchaus reale – Elemente verschiedener Fallvignetten mischen. Alles hat wirklich so stattgefunden, aber nicht in einer einzigen Person vereint. Es ist mein Anliegen, durch Abstraktion und Verdichtung die Funktionsweisen der Kitsch-Rezeption in idealtypischer Weise auf den Punkt zu bringen und nachvollziehbar zu machen. [Die Autorin]

Inhalt

EIN DIRNDL AUS SALZGITTER Welchen Bedingungen es geschuldet ist, dass die Verfasserin bereits in jungen Jahren eine Kitschempfindlichkeit ausgebildet hat.

Lebenserinnerungen sind wie ein Steinbruch, der aus Sedimenten unterschiedlichster Art besteht. Durch den Fluss der vergehenden Jahre wird Material verfrachtet, lagert sich ab, verwittert, oder birgt, wenn man Glück hat, so manches bemerkenswerte Fossil in seinem Inneren, das in Form und Gestalt die Zeit unbeschadet überdauert. Eine sehr frühe fossile Erinnerung markiert den Beginn meiner Beschäftigung mit dem Thema „Kitsch". Diese gut erhaltene Versteinerung fiel mir kürzlich wieder zu, als ich mir Gedanken darüber machte, wann genau der Keim gelegt worden war, der sich in meinem Erwachsenenleben zu einer Abneigung gegen das Falsche, Manipulative und Vordergründige auswachsen sollte; einer Abneigung, die den Ausschlag für meinen Berufswunsch, Psychoanalytikerin zu werden, gegeben hat, die aber auch gleichzeitig dazu führte, nach 20 Jahren Berufstätigkeit meiner Praxis den Rücken zu kehren. Ich tat dies in der Absicht, mich auf verschiedenen Ebenen mit den Ursprüngen und Mechanismen der Kitschproduktion zu beschäftigen, wobei es mir weniger um ästhetisch fragwürdige Objekte ging als vielmehr um Gefühlssurrogate zweifelhafter Provenienz. Doch ich will nicht vorgreifen, sondern, wie bereits angekündigt, Geologenhammer und Steinmeißel aktivieren, um die „fossile Erinnerung" aus dem „Pleistozän" meiner Lebensgeschichte herauszupräparieren:

Nach vielen Ortswechseln, bedingt durch den frühen Tod meiner Eltern, verbrachte ich meine Schulzeit in einer norddeutschen Kleinstadt. Mein Adoptivvater meldete mich in einer katholischen Grundschule an, die 1967 noch „Volksschule" hieß und eine gute Stunde

Fußmarsch von meinem neuen Zuhause entfernt lag. Das imposante Schulgebäude stammte aus der Jahrhundertwende und nötigte mir mit seinen langen düsteren Fluren, den mächtigen hölzernen Schwingtüren und einem alles durchdringenden Bohnerwachsgeruch Furcht und Respekt ab. Unverheiratete Lehrerinnen, selbst wenn sie sich bereits kurz vor der Pensionierung befanden, wurden mit „Fräulein" angesprochen, und Ohrfeigen, „Kopfnüsse" und Schläge mit dem Lineal auf Tintenfinger gehörten zum Kanon pädagogischer Züchtigungsmaßnahmen. Wie in jedem autoritären Biotop gab es auch an dieser Schule Lehrer, die in der Hackordnung der Kollegenschaft die unterste Stufe besiedelten und ihre missliche Position mit ausgeprägtem Sadismus Schwächeren, also den Schülern, gegenüber kompensierten. Andere Pädagogen dieser wirbellosen Spezies reagierten darauf eher depressiv-verstimmt, mitunter auch somatisierend und waren nicht selten in Fächern wie Musik oder Kunsterziehung beheimatet. Dort fielen sie dann denjenigen Schülern zum Opfer, die endlich auch einmal Oberwasser gewinnen und sich ein wenig in Impertinenz üben wollten. Ich war also in einer ganz normalen katholischen Volksschule mit deutschem Nachkriegsappeal angekommen.

Was meine Position im Gefüge der Klassengemeinschaft anbetraf, so ähnelte sie der eines Albinos in Afrika. Ich besaß, was die sozialen und familiären Beziehungen angeht, nichts von dem, was die anderen hatten; keine Eltern, keine Geschwister, keine ortsrelevante Vergangenheit. Hinzu kam, dass ich ausschließlich Kleider trug, die mir meine, ebenfalls durch Adoption zugefallene

Tante Else aus Salzgitter angefertigt hatte. Eisenhütten und Erzbergbau hatten Salzgitter in den 1930er-Jahren erst die „Reichswerke Hermann Göring" beschert und schließlich die fast völlige Zerstörung der Stadt durch die Alliierten. Diese, auch in den 1960er-Jahren noch deutlich spürbare Nachkriegstristesse mit dem Hang zu bayerischen und österreichischen Heimatfilmen, hatten in Tante Else eine tiefe Sehnsucht nach heilen, alpenländischen Bergkulissen ausgelöst, und so schneiderte sie für mich die ganze Volksschulzeit über Fantasiedirndlkleider in kleingeblümten Rosenmustern mit auswechselbaren farbigen Schürzen. Ich war gewissermassen die „Heidi aus dem Harzvorland" und musste bei meiner Einschulung feststellen, dass von meinen norddeutschen Mitschülerinnen sonst niemand so gekleidet war. Es herrschte zwar in den 1960er-Jahren noch nicht eine so ausgeprägte Markenfixierung, wie man sie heute bei Kindern und Jugendlichen beobachten kann, die permanent einem multimedial induzierten Anpassungsdruck ausgesetzt sind, aber dennoch war klar: in diesem, für norddeutsche Verhältnisse geradezu karnevalesken Aufzug, verbunden mit einer sehr ungewöhnlichen Lebensgeschichte, erfüllte ich alle Kriterien für das Dasein einer Außenseiterin. Daran änderte auch die Tatsache nichts, dass die Großmutter der neuen Adoptivfamilie zu meiner Beschämung versuchte, Nachbarskinder mit Süßigkeiten zu bestechen, um sie dazu zu bewegen, mit mir gemeinsam den Schulweg anzutreten.

Es muss in der zweiten Klasse gewesen sein, als ich beschloss, mir durch eine mutige Tat endlich die schmerzlich vermisste Anerkennung meiner Mitschüler zu sichern, denn der vorangegangene Versuch, in der großen Pause mit einem Wäschekorb voller Äpfel, die ich in einem verlassenen Garten aufgesammelt hatte, zu punkten, war kläglich gescheitert. Kein Mensch interessierte sich für mein Fallobst.

Wenn man dazu gezwungen ist, als Zaungast zu leben, führt dies nicht selten zur Ausbildung einer scharfen Beobachtungsgabe, und so hatte ich ziemlich schnell bemerkt, dass unser junger Zeichenlehrer ängstlich, unsicher und anbiedernd war; also so wie ich, nur ohne Dirndlkleid. Und an dieser Stelle wollte ich ansetzen! Es war üblich, dass sich die ganze Klasse erhob, wenn ein Lehrer den Raum betrat, um ihn im Chor mit einem schallenden „Guten Morgen" zu begrüßen. So geschah es auch an diesem Tag, nur dass ich stehenblieb, während alle anderen sich wieder in ihre Stühle fallen ließen. „Willst du dich nicht hinsetzen, Ruth?", fragte der Zeichenlehrer. Ich tat, als hörte ich ihn nicht und blieb stehen. Es erfolgte eine weitere Aufforderung, sich zu setzen, aber wieder reagierte ich nicht. Mittlerweile war es in der Klasse ganz still geworden. Alle schauten erwartungsvoll auf den Lehrer und auf mich. Unser stummes Duell begann eine Art prickelnde Angstlust in mir auszulösen. Was würde er jetzt tun? Mir eine Ohrfeige verpassen? Oder mich aus dem Klassenzimmer werfen? Seinen nächsten, schon in einem etwas ungehaltenen Ton vorgetragenen Appell, nahm ich zum Anlass, mich wie ein nasser Sack und in clownesker Manier auf den Linoleumboden plumpsen zu lassen. Endlich schienen meine Mitschüler zu begreifen, dass sie gerade einer einzigartigen, ungeheuer verwegenen und aufmüpfigen Vorstellung meinerseits beiwohnten. Sie brachen in johlendes Gelächter aus! Sie lachten über meinen albernen Klamauk, aber sie lachten auch über die Hilflosigkeit und den Autoritätsverlust des jungen Lehrers, der mit der Situation nicht souverän umgehen konnte und schließlich versuchte, mich, die ich lustig fortfuhr, einfach zu ignorieren. Er machte dabei keine gute Figur, was bewirkte, dass ich mir einmal mehr überlegen und mächtig vorkam.

Nun folgt der Teil der Geschichte, der mich in seiner exemplarischen Dimension noch immer beschäftigt: Als die Unterrichtsstunde vorüber war, wurde ich auf der Mädchentoilette, die wie die gesamte Schule imposante Ausmaße hatte, wie eine Siegerin gefeiert. Fünf oder sechs Mitschülerinnen hoben mich hoch und warfen mich immer wieder in die Luft, wobei sie jubelten, als hätte ich gerade eine entscheidende Schlacht gewonnen. Mit dem beißenden Geruchspotpourri von scharfen Putzmitteln, Mädchenpipi und WC-Steinen in der Nase, erschien mir die ganze Szene unwirklich. „Wahnsinn, bist du nicht klasse! Bist du nicht großartig!", meldete sich eine überdrehte, vor Aufregung sich überschlagende Stimme in mir. „Endlich ganz oben!" Und gleichzeitig schimpfte eine andere: „Was sind das doch für verlogene Biester, die dich hier auf diesem stinkenden Klo gerade in die Luft schmeißen, während sie sich gestern noch über deine Kleider und deinen Apfelkorb lustig gemacht haben." In die Freude darüber, bewundert zu werden, mischte sich die bittere Erkenntnis, dass ich für meine Gefallsucht gerade reichlich in billiger Münze bezahlte. Gerne hätte ich mich ein wenig im Applaus gebadet, aber es wollte nicht richtig funktionieren. Aus heutiger Sicht betrachtet, waren die Reaktionen meiner Klassenkameradinnen unecht und auf eine perfide Weise kitschig; und mein eigenes kindisches Verhalten dem Lehrer gegenüber hatte ebenfalls etwas Forciertes. Auf dem Nachhauseweg, der mich durch einen sommergrünen Mischwald und an einer alten Kirche vorbeiführte, die ich sehr liebte und immer wieder aufsuchte (eine frühromanische Basilika aus dem 11. Jahrhundert, wie ich heute weiß) wurde ich schließlich von Schamgefühlen regelrecht überflutet. Ich muss damals als Schülerin schon intuitiv gespürt haben, dass ich an einer Weggabelung stand. Ich könnte jetzt so weitermachen und eine Karriere als Klassenclown einschlagen, auf dass der Strom der Aufmerksamkeit niemals versiegen möge. Das täte er solange nicht, wie ich den Kasper gäbe, weshalb ich vermutlich ständig die Klamaukdosis würde erhöhen müssen, um die johlenden Zuschauer in der Arena bei Laune zu halten. Ich machte mir, wie schon gesagt, keine Illusionen darüber, dass die Begeisterungsstürme meiner Mitschülerinnen ein hohes Heuchelpotenzial enthielten und sie sich vor allem *selber* darin gefielen, mir, einem Nobody in der Klassengemeinschaft, ein paar hysterische Einheiten zu spenden. Das Vordergründige der unerwarteten Huldigung auf der Mädchentoilette hatte ich genau gespürt, und es hatte mich sehr gekränkt.

Ich könnte aber auch die andere Abzweigung des Weges nehmen, mich bei meinem Lehrer für den Blödsinn entschuldigen und auf Anerkennung, die sich aus fragwürdigen Verhaltensweisen meinerseits speiste, fürderhin verzichten. Zuhause angekommen, stand mein Entschluss fest. Ich holte mein Schreibheft aus dem Tornister, riss eine Seite heraus und schrieb in großen Lettern eine unbeholfene Entschuldigung, die ich am nächsten Tag im Lehrerzimmer ablieferte. An die Reaktion des Adressaten erinnere ich mich nicht mehr. Sehr wohl weiß ich aber noch, dass es mir mit dem Brief an den Lehrer auch nicht besonders gut ging. Ich segelte mit meinem Wunsch nach Anerkennung und Akzeptanz zwischen Skylla und Charybdis, denn sowohl bei den Mitschülern, als auch beim Zeichenlehrer biederte ich mich an. Und was ist Anerkennung schon wert, wenn sie durch Manipulation erzeugt wird?! Was ich auch tat und wie viel Bewunderung ich damit auch erntete, alles fühlte sich plötzlich merkwürdig falsch an. Man könnte auch sagen, so fragwürdig, wie ein Dirndlkleid aus Salzgitter, auf dessen sinnbildliche Bedeutung ich an dieser Stelle noch einmal zurückkommen will:

Bis zu meiner Einschulung hatte ich mich in meiner alpenländischen Tracht durchaus wohl gefühlt. Ebenso wie Tante Else war ich eine große Verehrerin von Kaiserin Elisabeth in Form ihrer legendären Wiederbelebung durch den Regisseur Ernst Marischka. So wie Sissi im Schloss Possenhofen am Starnberger See ihrem Traummann, dem Zelluloid-Kaiser Franz Josef, im Dirndlkleid begegnete, wollte auch ich meine Karriere als Märchenprinzessin starten. Ich hatte also schon sehr früh am Schierlingsbecher des Kitsches genippt, den meine Tante direkt neben ihrer Singer-Nähmaschine aufbewahrte. Als elternloses Kind hatte ich mindestens ein so großes Defizit an Selbstbewusstsein aufzuweisen wie meine

Adoptivverwandte, deren Mann aus einer Familie mit ausgeprägter Neigung zum Nationalsozialismus stammte. Die Schmach eines verlorenen Krieges, die Schuld, die Enttäuschung, die Scham, die Wut, die Zerstörung – das alles drängte danach, in etwas Heiles umgewandelt zu werden. Darin bestand die Funktion des deutschen Nachkriegsfilms! Es galt von der eigenen Misere abzulenken, Beschädigungen notdürftig zu überkleben und Sentimentalität an die Stelle negativer Gefühle zu setzen, denn letztere wären unerträglich gewesen. Dass dieses Konzept nicht funktionieren konnte, wurde mir das erste Mal auf besagter Volksschultoilette bewusst; nicht in gedachten Worten, aber als ein starkes Gefühl, das ich nach über 50 Jahren noch jederzeit abrufen kann.

Zum Aufbau des Buches

Erlebnisse, die ein deutliches emotionales Echo auslösen, halten sich in der Erinnerung besonders frisch und prägen nicht nur den Charakter sozialer Beziehungen sondern auch unsere Sicht auf die Welt. Insofern lag es nahe, mit meinen Überlegungen über den möglichen Zusammenhang von „Kitsch und Perversion" an reale, tatsächlich erlebte Begebenheiten anzuknüpfen, die mich aus verschiedenen Gründen umtrieben und danach drängten, besser verstanden zu werden. Sie bilden den Anfang eines jeden Kapitels und markieren das Umfeld, in dem ich mich gedanklich bewege.

Ich beginne mit einem Bericht aus meiner psychoanalytischen Praxis, dessen Protagonist aus Gründen der

Anonymität aus verschiedenen Facetten meiner Arbeit mit Patienten zusammengesetzt ist – was seiner Beispielhaftigkeit jedoch keinen Abbruch tut. Herr Blum, so habe ich ihn genannt, hatte eine besondere Affinität zu einem Film, der prototypisch ist für eine bestimmte Form des Umgangs mit dem Nationalsozialismus. Ausgehend von meiner Fallgeschichte werde ich mich auch mit den Elementen des Kitsches und der Perversion in dem Film „Der Untergang" von Oliver Hirschbiegel beschäftigen.

Dem Umstand, dass es von jeher enge Verbindungen zwischen (Neo-)Nazis und der deutschen Esoterik-Szene gab (und gibt), trägt das zweite Kapitel Rechnung. Eine Freundin, die sich schon über viele Jahre für esoterische Praktiken interessiert hatte, war bedingt durch eine schwere Krebserkrankung in die Welt der Geistheiler und der selbsternannten Gesundbeter eingetaucht. Während ihrer Krankheit bis zu ihrem frühen Tod verbrachte ich viel Zeit an ihrer Seite und gewann auf diese Weise zwangsläufig Einblick in den Kosmos menschenverachtender sozialdarwinistischer Ideologien, dessen Existenz ich bis dato nicht für möglich gehalten hätte, treten doch dessen Protagonisten gerne in der harmlosen Verkleidung irdischer Schutzengel auf den Plan. Wem es nicht gelingt, unter der kostenintensiven Anleitung esoterischer Gesundheitsunternehmer seine „Selbstheilungskräfte" zu aktivieren, wird mehr oder weniger als Versager bzw. als unbelehrbarer Behandlungsverweigerer apostrophiert. Die Beherrscher der Heilerszene zeichnen sich fast ausnahmslos durch einen totalitären Charakter und die Abwesenheit jeglicher Selbstkritik aus. Statt

Empathie und Anteilnahme herrscht in den kosmischen Chatrooms kitschige Rührseligkeit, die sehr schnell in Verachtung umschlägt, wenn die gläubigen Schüler aufgrund enttäuschter Heilserwartungen berechtigte Zweifel anmelden. So ging es meiner Freundin, deren Tod ich zum Anlass nahm, verschiedene esoterische Konzepte näher zu untersuchen.

Von den Schutzengeln zu den Wohltätern ist es oft nur ein kurzer Weg, und so lernte ich den Gründer einer Hilfsorganisation kennen, dessen Engagement ich – nachdem ich über einen längeren Zeitraum hinweg Geld für sein Projekt gespendet hatte – bei genauerer Analyse seiner Facebook-Seite als sehr zwiespältig empfand. Ich stieß auf das irritierende Nebeneinander einer kitschigen (Bilder-)Sprache bei gleichzeitigen ressentimentgeladenen Tiraden gegen syrische Flüchtlinge im Besonderen und EU-Politiker im Allgemeinen. So erfuhr ich, dass „gut gemeint" nicht unbedingt auch „gut" bedeutet. Es kommt nicht selten vor, dass Helfer ihre eigenen Defizite kompensieren und dies zu Lasten derer geschieht, denen sie zu helfen vorgeben.[1] Wenn Helfer zur Konsolidierung eigener narzisstischer Bedürfnisse Abhängigkeit perpetuieren statt Selbsthilfe zu fördern, schlägt sich deren unbewusste Motivation zuweilen in zweifelhaftem Agieren nieder. Die sozialen Netzwerke stellen dafür eine perfekte Bühne bereit.
Ohne Frage ist es anerkennenswert, wenn Menschen sich humanitär engagieren. Das trifft auf das von mir zitierte Beispiel ganz sicher in hohem Maße zu. Jeder, der sich in Not befindet und in den Genuss einer Hilfeleistung

kommt, wird für diese Zuwendung ohne Einschränkung dankbar sein! Wenn die Unterstützung jedoch das Maß individueller Hilfsbereitschaft übersteigt und in eine Organisation mündet, bedarf es professioneller Strukturen, in deren Zentrum auch die kritische Selbstreflexion der Betreiber stehen sollte. Jeder, der helfen will, ist nur dann langfristig hilfreich, wenn er sich seine eigene Hilfsbedürftigkeit eingestehen kann.

Literatur und Kunst waren von jeher meine Begleiter und haben auch in meiner Arbeit als Psychoanalytikerin eine wichtige Rolle gespielt. Nicht nur hatte ich eine „literarische Hausapotheke" in meinem Wartezimmer, aus der ich dann und wann einen Roman zog und an meine Patienten weitergab, auch die Patienten drückten sich in der Therapie zuweilen mittels ihrer Leseerlebnisse aus. Diese boten einen gangbaren Umweg, wenn das Reden über die Lebensgeschichte zu schmerzhaft war oder die eigenen Worte für die Schilderung bestimmter Gefühlslagen nicht ausreichten. Dabei wurde ich mit zwei Autoren konfrontiert, deren Bücher ich nicht unbedingt als Lektüre ausgewählt hätte, mit denen ich mich dann aber intensiv zu beschäftigen begann – und zwar im Zusammenhang mit bestimmten psychischen Störungen meiner Patienten. Es handelt sich um H. P. Lovecraft und Michel Houellebecq, in deren Werk Kitsch und Perversion in verschiedenen Spielarten auftauchen, die ich für exemplarisch halte.

Dass die Person und die Arbeiten von Jeff Koons geradezu als Paradebeispiel für den kommerzialisierten Kitsch gelten, ist keine Neuigkeit. Insofern geisterte mir der smarte Amerikaner mit der frisch gewaschenen Ausstrahlung eines Werbetreibenden für Zahnpflegeprodukte schon länger durch den Kopf, nachdem ich den Plan gefasst hatte, vorliegendes Buch zu schreiben. Den Ausschlag, mich mit seinem Werk und seiner, sich in unzähligen Interviews manifestierenden Selbststilisierung als bedeutendster Künstler seiner Zeit detailliert auseinanderzusetzen, gab schließlich eine kurze Zeitungsmeldung. Die Stadt New York hatte anlässlich eines jährlich stattfindenden Gedenktages eine Skulptur von Jeff Koons aufgestellt (die „Sitzende Ballerina"), um damit an all die vermissten Kinder zu erinnern, die ungeklärten Verbrechen zum Opfer gefallen und nie wieder aufgetaucht sind. Das grellbunte Erscheinungsbild der plakativen Figur der Ballerina stand zum traurigen Anlass in einem so eklatanten Missverhältnis, dass ich die Zeitungsmeldung mehrmals ungläubig las, weil ich mir nicht vorstellen konnte, dass sich in New York kein Widerstand gegen ihre Aufstellung geregt hatte. Dass der Kitsch bei Koons jedoch ganz woanders nistet als in den Falten eines überdimensionalen Ballettröckchens oder zwischen den stählernen Ohren seiner legendären „Balloon Dogs", wurde mir erst bei der Lektüre der erwähnten Interviews deutlich, die potemkinschen Dörfern ähneln: Kilometer um Kilometer reihen sich fassadenhafte (autobiografische) Versatzstücke einer „schönen neuen Welt" aneinander und versperren den Blick auf das triste Hinterland, in dem schmutzige Scheidungskriege und Plagiatsprozesse geführt werden, wo das neoliberale Faustrecht herrscht und Vermieter um ihr Geld geprellt werden – auch dies ein Synonym für das Kippbild des Kitsches.

KITSCH UND FILM Von der psycho-
analytischen Praxis in den Führerbunker.
Über den Film „Der Untergang" von
Oliver Hirschbiegel und Bernd Eichinger.

Herr Blum, ein fünfzigjähriger beruflich erfolgreicher Manager aus Oberbayern beginnt bei mir eine Therapie, um der sexuellen Lustlosigkeit in seiner Beziehung auf den Grund zu gehen. Er hätte eine Lebensgefährtin, die er sehr liebe und zwei Kinder, die ihm „alles" bedeuteten. Er verstünde gar nicht, weshalb er seine Freundin schon seit vielen Jahren nicht mehr begehren könne, zumal sie sich doch so wunderbar verstünden. Im Übrigen sei *sie* es gewesen, die ihn zu mir geschickt hätte. Der Patient verstand sich auch mit mir „wunderbar". Er war höflich, kooperativ und humorvoll. Er lobte mein Einfühlungsvermögen, machte sich Gedanken über das, was ich ihm in der vorigen Stunde gesagt hatte und beherzigte sogar meinen Rat, zuhause einmal den Teppich anzuheben, um nachzuschauen, ob im Laufe seiner Beziehung vielleicht der eine oder andere Konflikt darunter gekehrt worden sei, der ihm jetzt die Lust abdrehen würde. Ich hatte ihm zuvor erklärt, dass sexuelle Lustlosigkeit in einer Beziehung nicht selten damit zusammenhinge, dass die Beteiligten einen unausgesprochenen Groll gegeneinander hegten. Freilich wurde mein Patient nicht wirklich fündig, denn in seinem nach allen Regeln der Kunst ausgestatteten Heim pflegte man einen moderaten Umgangston. Rüde Gefühlsausbrüche, so erfuhr ich auf Nachfrage, kamen höchstens einmal unter Alkoholeinfluss vor. Worum es denn dann ginge, wollte ich wissen, aber Herr Blum erinnerte sich nicht an den Gegenstand der Auseinandersetzungen. Er habe in solchen Fällen „am nächsten Morgen einen Filmriss", erklärte er mir zerknirscht. Aber „es könne nicht so wichtig sein, denn sonst würde er sich ja daran erinnern".

Viel lieber als über derart peinliche Vorfälle sprach er mit mir über sein empfindsames Wesen. Er erging sich in zu Herzen gehenden Schilderungen toter Eichhörnchen und überfahrener Igel, deren finale Schicksale ihn noch tagelang verfolgten. Wenn er detailliert ausmalte, wie er die zerquetschten Kadaver der Tiere von der Straße trug, war er tief gerührt von seiner Fähigkeit zur Anteilnahme. Herr Blum schien sich dabei in eine Art emotionales Perpetuum Mobile zu verwandeln, das, einmal in Gang gesetzt, in einen sentimentalen Dauerbetrieb verfiel, der auch ohne die Energiezufuhr durch Außenreize funktionierte; also auch ohne Interventionen meinerseits. Ich war mir, wenn ich ihm gleichermaßen fasziniert wie irritiert zuhörte, nicht sicher, ob ich jetzt gerade in der Rolle der stummen Zuschauerin einer perfekten Performance beiwohnte oder ob mein Patient sich selber beweinte, weil er sich mit den totgefahrenen Tieren identifizierte, was ja tatsächlich einen großen Leidensdruck bedeutet hätte. Die dritte Möglichkeit war, dass es bei den Schilderungen der Tierschicksale eigentlich um unbewusste Tötungswünsche ging, die er abwehren musste, indem er *den potenziellen Täter in sich* zum Opferanwalt machte. Immer mehr sollte sich herauskristallisieren, dass Letzteres der Fall war.

Diese Erkenntnis war ein so heißes Eisen, dass ich beschloss, es erst einmal nicht anzufassen, um meinen Patienten nicht zu überfordern. Dann begann Herr Blum jedoch, in die Therapiestunden seinen Hund, einen stattlichen Dobermann, mitzubringen. Während das Herrchen weiterhin über interessante Romane plauderte und immer wieder bekräftigte, dass es ihm „dank der Therapie ja schon viel besser ginge", benahm sich der Neuzugang in meiner Praxis alles andere als gut erzogen. Das Tier kläffte, spurtete von einer Ecke des Behandlungszimmers in die andere und rieb mit Vorliebe seinen Hintern auf meinen Teppichen (vermutlich Würmer!). Der Hund schien all die Anteile zu verkörpern, die mein Patient unterdrückte. Er war unflätig, stinkend, wild und ungehorsam. Er verhinderte sinnvolle Gespräche und beschmutzte, während sein Besitzer ungerührt zusah, meine Praxis. „Kratz mich doch am Arsch!", schien er mir durch die Misshandlung meiner Teppiche stellvertretend für sein Herrchen signalisieren zu wollen. Als ich diese Vorkommnisse im Sinne psychoanalytischer Deutungen thematisierte, begann die Idylle im Behandlungszimmer zu erodieren. Herr Blum kam zu spät, sagte kurzfristig Stunden ab oder ließ mich wochenlang auf mein Honorar warten. Gleichzeitig tauchten Hinweise auf, dass die Beziehung des Patienten zu seiner Lebensgefährtin unheilvolle Paralleldimensionen aufwies, die er über Monate hinweg geschickt vor mir verheimlicht hatte. Es schien sich dort Ähnliches abzuspielen wie in meiner Praxis: Vordergründig herrschte im doppelten Sinne des Wortes „Ein*tracht*": Gerne kleidete sich die Familie nämlich in Loden und Lederhose, man versicherte sich gegenseitig, wie sehr man sich liebte und schmiedete Zukunftspläne. Gleichzeitig betrieben beide Parteien verdeckte Kriegsführung. Drastische Schuldzuweisungen tarnte man als „Sorge" um den anderen, wobei man punktgenau auf dessen empfindlichste Seelenpartien zielte. Im Freundeskreis machten von der Lebensgefährtin geschickt platzierte Diffamierungen ihres Partners die Runde, während dieser sein häusliches sexuelles Desinteresse wie eine Monstranz von einem Therapeuten zum nächsten trug. Das ganze Beziehungsgeschehen bündelte sich in diesem Symptom, und wäre nicht der unanständige Hund gewesen, hätte auch ich mich dazu verführen lassen, nur den Baum und nicht den Wald zu sehen. Nachdem mein Patient jedoch in dieser Inszenierung mit Hund „die Leine losgelassen" hatte und ich ihm dadurch aufzeigen konnte, dass er sein Tier etwas erledigen ließ, was er sich selber nicht traute, erfuhr ich Erstaunliches.

Herr Blum hatte sich diverse Nebenschauplätze eingerichtet, auf die er sich bei Bedarf zurückziehen konnte. Es war von der Inanspruchnahme sexueller Dienstleistungen im Ausland die Rede (als „Wellness-Behandlungen" deklariert) sowie von Drogen-, Nikotin- und Alkoholepisoden, die das übliche Maß sozial akzeptierten Suchtverhaltens weit überstiegen. Hinzu kamen erhebliche finanzielle Schwierigkeiten, die darauf hindeuteten, dass sein Lebensstil zu seinen tatsächlichen monetären und beruflichen Möglichkeiten in einem frappanten Missverhältnis stand. Bemerkenswert war jedoch, dass Herr Blum, der sich gerne politisch liberal und aufgeschlossen gab, regelmäßig Lokale besuchte, in denen die rechte Szene verkehrte und wo sich bierselige Dumpfheit mit kernigen Reden paarte. Mehr und mehr wurde seine Faszination für die Zeit des Nationalsozialismus offenbar, die, so schien es mir, etwas mit dem unvorstellbaren Zerstörungspotenzial zu tun hatte, das Hitler in Deutschland und Österreich freigesetzt hatte. Ein Film, den er sich immer und immer wieder anschaute, wie er mir erzählte, war „Der Untergang" von Oliver Hirschbiegel und Bernd Eichinger. Ich spürte, dass es Herrn Blum gefallen hätte, wenn ich mir „seinen" Film ebenfalls angesehen hätte, aber in mir sperrte sich etwas dagegen. Schon allein die *Idee*, die letzten Tage im „Führer-Bunker" nachspielen zu lassen, fand ich befremdlich. Und dass sich eine ganze Reihe erstklassiger Schauspieler dafür zur Verfügung gestellt hatte, wunderte mich einmal mehr. Ich folgte meinem Patienten nicht in die Kinofassung seiner höllischen Unterwelt, obwohl ich, um Patienten besser verstehen zu können, oft deren Lieblingsbücher las oder mir ihre bevorzugten Filme anschaute. In diesem Fall jedoch regierte in mir intuitiver Widerwille. Erst viel später, als ich beschloss, mich mit dem Kitsch, wie er mir immer wieder in- und außerhalb des Behandlungszimmers begegnete, genauer zu beschäftigen und nachdem die Therapie mit Herrn Blum längst ihr vorzeitiges Ende gefunden hatte, fiel mir „Der Untergang" wieder ein. Verspätete Neugierde kam auf! Ich fragte mich, *was* genau ich damals eigentlich nicht hatte sehen wollen? Doch dazu später mehr.

Während sich bei mir also der (trügerische) Eindruck verfestigte, mittlerweile therapeutisch soviel an Boden gewonnen zu haben, um mit meinem Patienten über seine *eigentlichen* Konflikte sprechen zu können, überraschte mich Herr Blum mit der Ankündigung einer groß angelegten Hochzeitsfeier, SEINER Hochzeit, die an einem thailändischen Strand stattfinden sollte. Das Zeremoniell würde unter einem blumengeschmückten Baldachin direkt am Meer abgehalten, die Braut in einen festlichen

Sari mit Perlenapplikationen und er, der Bräutigam, in weißes Leinen gekleidet sein. Flankiert würde das Paar von zwei ebenfalls mit Blumen bekränzten Elefanten und einigen thailändischen Statisten, denn es sei (auch finanziell) nicht möglich, eine komplette Hochzeitsgesellschaft aus Europa einfliegen zu lassen. Als Trauzeugen fungierten daher Angestellte des Wellness-Hotels, in dem vorher zur Entspannung und „Reinigung" noch eine zweiwöchige Ayurveda-Kur durchgeführt würde.

Mit Erstaunen hörte ich, dass es Anbieter von „Traumhochzeiten" in Verbindung mit „exotischen Destinationen" gibt, bei denen man ein entsprechendes Pauschalarrangement, inklusive Videoaufnahme der gesamten Zeremonie, buchen kann. Vielleicht wäre ich angesichts dieses Vorhabens weniger perplex gewesen, hätte ich nichts von den massiven Beziehungsproblemen des zukünftigen Ehepaares gewusst. Angesichts der mir von Herrn Blum immer wieder geschilderten häuslichen Kriegsführung blieb mir nichts anderes übrig, als nachzuforschen, was es denn mit der thailändischen Liebesinszenierung genau auf sich hätte. Sie kam mir auf dem Hintergrund seiner tatsächlichen Lebensumstände wie eine Trotzhandlung vor: *Jetzt erst recht!* Die Hochzeit, so erklärte mir mein Patient auf Nachfrage, sei schon lange geplant. Bereits vor Therapiebeginn hätten er und seine Lebensgefährtin entsprechende Vorbereitungen getroffen, die auch ein großes Fest mit Freunden umfassten, das sie nach ihrer Rückkunft aus Thailand zuhause feiern wollten. „Sie planen eine aufwändige romantische Hochzeit mit einer Frau, die sie schon seit Jahren sexuell und auch sonst nicht mehr interessiert", stellte ich nüchtern fest. Daraufhin gestattete sich Herr Blum erstmals, laut über seine Zweifel an dieser Ehe nachzudenken, die sich während der Therapie immer wieder einmal bei ihm eingestellt hätten und darüber, dass ihn die Heirat zum jetzigen Zeitpunkt im Grunde genommen überforderte. Er sei sich plötzlich nicht mehr sicher, ob er das alles wirklich so wolle, oder ob er nicht vielmehr unter dem Zwang stünde, seiner Frau den Liebesbeweis in Form einer „Traumhochzeit" erbringen zu müssen, wenn er schon im Bett dazu seit Jahren nicht mehr in der Lage (oder willens) war. Wenn das der Fall sei, so gab ich zu bedenken, wäre es doch nur folgerichtig, mit der Hochzeit so lange zu warten, bis er sich auf dem Hintergrund der gemeinsamen psychoanalytischen Arbeit über seine Gefühle im Klaren sei. Meine Anregung, sich diese Zeit zu nehmen, entlastete ihn sichtlich. Seine Züge entspannten sich, er wirkte erleichtert.

Es wurde deutlich, dass Herr Blum an einer Weggabelung angekommen war. Es galt nichts Geringeres zu entscheiden, als die Frage, wie er weiterleben und wie viel Aufrichtigkeit er sich und seiner Familie zukünftig zumuten wolle. Herr Blum hatte die Wahl zwischen dem Weg des geringsten Widerstandes, der sich dadurch auszeichnet, dass er keine Überraschungen bereit hält, weil die vor einem liegenden Kilometer in der Regel genauso beschaffen sind wie die, die man bereits zurückgelegt hat und der anderen Abzweigung, die bedeuten würde, „Unsicherheit ertragen"[2] zu müssen – und zwar bezogen auf die Konfrontation mit den Untiefen der eigenen inneren Welt und den nicht absehbaren Folgen, die mit diesen neuen Einsichten verbunden sind. Zu Letzterem wäre eine klare Entscheidung notwendig, nämlich den Ist-Zustand verändern zu wollen. Es mag paradox erscheinen, aber nicht jeder, der eine Psychotherapie beginnt, hat diesen Wunsch. Therapien können auch anderen Zwecken dienen als denen der Selbsterkenntnis.[3]

Um es kurz zu machen: Die Hochzeit fand, ungeachtet aller Zweifel des männlichen Hauptdarstellers, tatsächlich wie geplant statt! Anschließend gab es im Heimatort ein großes Fest, bei dem den ganzen Abend über das Hochzeitsvideo aus Thailand in einer Endlosschleife lief. Dazu reichte ein Catering-Service kunstvoll dekorierte Häppchen. Herr Blum hatte sich entschieden.

Nach der Eheschließung gab es für meinen Patienten keinen Raum mehr, sich selber und sein Leben kritisch zu hinterfragen. Er sagte immer häufiger Therapiestunden ab und ließ sich, wenn er denn kam, auf keine meiner Interventionen mehr ein. Außerdem frequentierte er wieder erotische „Massagesalons" und nahm sein altes Suchtleben wieder auf, von dem er vor seiner Heirat etwas Abstand gewonnen hatte. Für mich stellte sich zunehmend die Sinnfrage des therapeutischen Unterfangens, womit ich ihn auch konfrontierte, was jedoch nichts veränderte. Irgendwann erschien er einfach *gar* nicht mehr. Weil es mir jedoch wichtig war, noch ein Abschlussgespräch mit Herrn Blum zu führen, versuchte ich ihn über mehrere Wochen hinweg telefonisch zu erreichen – ohne Erfolg. Schließlich erfuhr ich, dass er sich in eine Klinik für Psychosomatik am Chiemsee hatte einliefern lassen. Er muss sehr erleichtert gewesen sein, als er die Verantwortung für sein anstrengendes Doppelleben am Eingang der malerisch gelegenen Kurklinik abgeben konnte. Zu einem Gespräch zwischen ihm und mir ist es nicht mehr gekommen.

Da mich das Scheitern mehr beschäftigt als der Erfolg, dachte ich noch lange darüber nach, zu welchem Zeitpunkt ich Herrn Blum „verloren" hatte und kam zu dem Ergebnis, dass es passiert sein musste, als ich mich scheute, mir den bereits erwähnten Film „Der Untergang" anzuschauen, der für meinen Patienten eine so große Bedeutung hatte. Man könnte auch sagen, ich bin an Kerberos, dem Höllenhund, der sich angeschickt hatte, die Teppiche meiner Praxis zu zernagen, nicht vorbeigekommen, um seinem Herrchen in den Hades zu folgen – und zwar noch *bevor* sich dieser in Thailand mit kragenlosen, goldbestickten Unschuldshemden aus weißem Leinen tarnen konnte. Gleichzeitig hatte ich mich geweigert, die mir zugewiesene Rolle als Mitspielerin in Herrn Blums Theater der kitschigen Pseudoexistenz kritiklos auszufüllen. Der Versuch jedoch, meinen Part zumindest so umzuschreiben, dass unser Stück eine andere Wendung hätte nehmen können, hatte sich ebenso als unmöglich erwiesen. Vermutlich ahnten wir beide, dass sich in diesem Fall wahre *Abgründe* aufgetan hätten. Es stand nichts Geringeres als Herrn Blums heimliches sadomasochistisches Paralleluniversum zur Disposition sowie unser beider Beschäftigung mit seinen angsteinflößenden perversen und süchtigen Anteilen. Noch einmal zur Erinnerung: Herr Blum wurde immer wieder von toten Eichhörnchen und überfahrenen Igeln in emotionale Ausnahmezustände versetzt, denn sie hatten unbewusste

Tötungsfantasien in ihm aktiviert. Diese nicht zuletzt hochgradig schambesetzten Regungen konnte er nur insofern ertragen, als er sie mit einer dicken Schicht Betroffenheitskitsch ummantelte, um sie dadurch in etwas vordergründig Harmloses zu verwandeln.

Es erscheint mir notwendig, an dieser Stelle zu erläutern, was genau ich unter „Perversion" verstehe. Während der Begriff umgangssprachlich auf bizarre Sexualpraktiken angewendet wird, bezeichnet er in der Psychoanalyse[4] einen bestimmten psychischen Zustand des destruktiven Narzissmus. Ein destruktiver Teil des Selbst hat das Kommando übernommen und stellt sich in den Dienst der Verzerrung, des Zynismus und des Angriffes auf die Wahrheit.[5] Ist man von diesen perversen Zuständen beherrscht, sind befriedigende Beziehungen, die von Aufrichtigkeit, Liebe und Wertschätzung getragen sind, unmöglich. Es existieren nur mehr negative Karikaturen derselben. Das süchtige Verlangen nach rauschhafter apokalyptischer Zerstörung und die Erotisierung rücksichtsloser Machtausübung sind in dem Maße beherrschend, als dem auf der anderen Seite Gefühle der Kleinheit, Insuffizienz (man denke an die sexuelle Impotenz von Herrn Blum) und des Ausgeliefertseins gegenüberstehen, die mit allen Mitteln abgewehrt werden müssen; grauenhafte Gefühle, wie der Betreffende sie als Kind hatte, als die dysfunktionale Beziehung zu den Eltern es ihm verunmöglichte, seinen ödipalen Hass in entwicklungsadäquate Bahnen zu lenken. Im Erwachsenenleben wird dann in der Regel eine *oberflächliche* Anpassung erreicht und der Anschein von Achtbarkeit, sozialem Status und Gruppenkonformität gewahrt. Darunter verstecken sich Sado-Masochismus und ein tief verankerter negativer Modus, der im Dienst des Missverstehens steht. Wie schwer es ist, diesen Modus (auch in der Therapie) zu durchbrechen, liegt auf der Hand. Als sekundäres Problem liegt häufig auch noch eine manifeste Alkohol- und/oder Drogensucht vor.

Der Schweizer Psychoanalytiker Fritz Morgenthaler sprach von der Perversion als „Plombe". Fiele sie weg, sei das psychische Gleichgewicht gefährdet, und es könne zu einem bedrohlichen psychischen Zusammenbruch kommen.[6] Eben dies hatte sich in den letzten Monaten der Therapie mit Herrn Blum abgezeichnet. Morgenthaler empfahl, die Plombe keinesfalls wegzutherapieren, sondern mit größter Vorsicht vorzugehen und den Fokus der therapeutischen Arbeit auf deren *Funktion* zu setzen. Intuitiv hatte auch ich mich zurückgenommen und darauf verzichtet, im analytischen Prozess allzu konfrontierend zu agieren, was freilich einer Gratwanderung gleichkam. Trotz oder vielleicht auch wegen des Therapieabbruchs meines Patienten arbeitete es in mir weiter. Der Wunsch, sowohl die Beziehungsdynamik im Behandlungszimmer als auch Herrn Blums auffälligen Hang zu kitschigen Inszenierungen besser verstehen zu können, veranlasste mich dazu, mich mit dem Film „Der Untergang" doch noch – quasi in der Rückschau – zu befassen. Ich bestellte mir also die DVD und schaute 150 Minuten lang ungläubig dabei zu, wie die Führungselite des „Dritten Reiches" (also Mörder und Kriegstreiber) mit ihren ihnen rückhaltlos ergebenen Frauen in positive Identifikationsfiguren umgewandelt wurden. Es ging hier offenbar nicht um eine differenzierte Auseinandersetzung mit Geschichte, sondern um „den Umbau von Geschichte zu einer Bühne der Gefühle".[7] Hatte nicht auch mein Patient Gefühle inszeniert, die genauso angeklebt waren wie der falsche Oberlippenbart des Hitler-Darstellers Bruno Ganz? Ein starkes Unbehagen begleitete mich den ganzen Film über, der in seinem Erscheinungsjahr 2004 von Historikern, Kritikern und Kulturschaffenden kontrovers diskutiert worden war.

Der Film „Der Untergang" basiert auf dem gleichnamigen Buch des Hitler-Biografen und ehemaligen FAZ-Herausgebers Joachim Fest,[8] der auch als Berater für die Filmcrew fungierte. Fests schmaler Band, im Untertitel auch „historische Skizze" bezeichnet, ist als Appendix zu seiner Hitler-Biografie zu verstehen und gibt dem Film von Eichinger und Hirschbiegel die Tonart vor. Doch welches Geschichtsverständnis liegt dem zugrunde?

Hannes Heer, ehemals Mitarbeiter am Hamburger Institut für Sozialforschung und Leiter des Ausstellungsprojektes „Vernichtungskrieg. Verbrechen der Wehrmacht 1941–1944", der sich in seinem Buch „Hitler war's. Die Befreiung der Deutschen von ihrer Vergangenheit"[9] kritisch mit der medialen Aufbereitung des Nationalsozialismus beschäftigt hat, setzt sich auf dem Hintergrund einer beeindruckenden Fülle historischer Dokumente mit Fests Geschichtsbild auseinander. Dabei kommt er zu dem Ergebnis, dass „Fest […] das *Dritte Reich* nicht nur unter dem Stigma seiner Verbrechen präsentieren, sondern die Verschränkung von Terror *und* Hoffnung zeigen (wollte). Aber er hat die Hoffnung und den tatsächlichen nationalen wie sozialen Aufstieg ins Riesenhafte vergrößert, den Terror dagegen und dessen arbeitsteilig funktionierendes, gesellschaftlich verankertes System fast ausgeblendet. Er hat die geschichtliche Figur Adolf Hitlers nicht erfunden, aber er hat ihr zur Grandiosität verholfen und sie zur einzig wirkenden, also auch alleinverantwortlichen Macht erklärt. Der Erlösungstaumel und Führerglauben von Millionen geriet ihm dabei zum Beweisstück für die Größe des von ihm verfertigten Idols. Den pseudoreligiösen Wahn als Symptom eines moralischen wie intellektuellen Zusammenbruchs zu begreifen und ihn als solchen zu diagnostizieren, hat er sich geweigert. Fest hat [...] versucht, die öffentliche Wahrnehmung des *Dritten Reiches* zu verändern – es sollte für die Nazigeneration wieder erkennbar, für die Nachkriegsgeneration auch akzeptabel sein."[10] Gleiches gilt, wie wir später noch sehen werden, auch für den Film von Eichinger und Hirschbiegel.

Die Lebenserinnerungen Traudl Junges, die im Alter von 22 Jahren Hitlers Privatsekretärin wurde, fügen sich in diese Lesart der Geschichte perfekt ein und dienten ebenfalls als Vorlage für das Bunkermelodram. In ihren autobiografischen Aufzeichnungen mit dem Titel „Bis zur letzten Stunde. Hitlers Sekretärin erzählt ihr Leben"[11] sowie in dem Dokumentarfilm von Melissa Müller und André Heller berichtet Junge, wie sie von 1942 bis 1945 für Hitler, den sie als väterlich und fürsorglich erinnert, gearbeitet hat. Sie beschreibt unter anderem die zwölf letzten beklemmenden und auf einen kollektiven Selbstmord hinauslaufenden Tage Hitlers und Teilen seiner Entourage im „Führerbunker", während draußen die sowjetische Artillerie dabei ist, das großteils zerstörte

Berliner Stadtzentrum einzunehmen. Der aus Berlin geflohene Göring, der sich schon als Nachfolger Hitlers wähnt, betreibt von Berchtesgaden aus dessen Entmachtung. Himmler hingegen sucht den Kontakt zu den Alliierten, um ihnen Kapitulationsangebote zu unterbreiten. Auch Speer versucht sich in Sicherheit zu bringen. Es verbleiben im Führerbunker also nur noch wenige Getreue, zu denen neben dem Ehepaar Goebbels und Eva Maria Braun auch Traudl Junge gehört.

In besagtem *Dokumentarfilm* erlebt man eine ernste, bereits von ihrer schweren Krankheit gezeichnete Frau, die innerlich zerrissen scheint. Wenn sie, ohne von Fragen oder kommentierenden Anmerkungen unterbrochen zu werden, über ihre Beziehung zu Hitler spricht, wird sie plötzlich als die sympathische, erlebnishungrige junge Frau sichtbar, die sie einmal gewesen sein muss und die sich nach wohlwollender väterlicher Anerkennung und beruflicher Bestätigung gesehnt hat. Es ist ein Leichtes, sich als Zuschauer mit ihr zu identifizieren und dabei völlig auszublenden, dass sie ja auch einen anderen Weg hätte gehen können. Bevor man der vornehmen Aura dieser distinguierten und wortgewandten Erzählerin verfällt, zwingen die Dokumentarfilmer Melissa Müller und André Heller sowohl Frau Junge als auch den Zuschauer dazu, einen Perspektivenwechsel vorzunehmen. Sie führen Traudl Junge die bereits abgedrehten Filmsequenzen vor. Und dann sieht man die Protagonistin, wie sie *sich selber* beim Reden zuschaut und vor dem Hintergrund ihrer eigenen „harmlosen" Erzählungen, ihrer fatalen *selbstgewählten* Haltung des Wegsehens und der Verleugnung förmlich erstarrt. Der Schmerz und die Scham darüber stehen ihr ins Gesicht geschrieben. Diese Bewegung eingefangen zu haben, und zwar unter Auslassung belehrender Kommentare, macht den Dokumentarfilm so wertvoll! Er lädt den Zuschauer zum Nachdenken ein, weil er es ihm ermöglicht, gleichzeitig kritisch, selbstkritisch (Wie hätte *ich* mich an Junges Stelle verhalten?) und emphatisch zu reagieren.

Im „Untergang" ist von dieser differenzierten Betrachtungsweise nichts mehr übrig. Traudl Junges Erinnerungen dienen lediglich als Skriptvorlage für ein pompöses Szenario der Spaltung in Gut und Böse. Die hübsche Traudl ist jung, naiv und unschuldig, Hitler ist das Böse und der (Ver-)Führer in Person. Hätte der „kranke" Hitler Traudl Junge und Millionen andere „gute" Deutsche nicht in diabolischer Weise verführt, wäre Nazideutschland 1945 nicht ein so desaströses Ende beschieden gewesen. „Hitler war's!" Dass im Abspann des Spielfilmes Hitlers Sekretärin noch einmal im Original eingeblendet wird (Ausschnitt aus dem bereits erwähnten Dokumentarfilm), die davon berichtet, wie sie zufällig an der Münchner Gedenktafel der drei Jahre älteren Widerstandskämpferin Sophie Scholl vorbeikommt und darüber nachdenkt, dass sie ja selber ebenfalls die Wahl gehabt und diesen Weg hätte einschlagen können, anstatt *für* Hitler zu arbeiten, wirkt in diesem Zusammenhang wie ein bewusst platziertes Kalkül, das die Funktion hat, potenziellen Kritikern des Filmes, die dem Streifen mangelnde Empathie mit den Naziopfern hätten vorwerfen können, den Wind aus den Segeln zu nehmen. Gleiches gilt für die unvermeidliche Information im Nachspann, wie viele Millionen Juden in den Konzentrationslagern ermordet worden seien – Juden, die im „Untergang" ebenso wenig vorkommen wie getötete sowjetische Soldaten, ausländische Zwangsarbeiter oder andere Mordopfer der Nazis. Diese Einblendung zeugt daher bestenfalls von artiger Routine. Den am Filmende wie künstlich anmontiert wirkenden Ausschnitt aus den *real* stattgefundenen Gesprächen mit Traudl Junge kann man nur als *Missbrauch* dokumentarischen Materials bezeichnen, weil er ganz offensichtlich die implizite Behauptung untermauern soll, dass auch der vorangegangene Spielfilm in irgendeiner Form „authentisch" ist.

Aus oben aufgeführten Zutaten haben Hirschbiegel und Eichinger nun mit 13,5 Millionen Euro Produktionskosten einen der teuersten Ausstattungsfilme gemacht, die in Deutschland je gedreht worden sind. „Der Untergang", der mit tosendem Geschützdonner, blutüberströmten Uniformträgern, erschossenen und erhängten deutschen Zivilisten sowie mit amputierten Gliedmaßen nicht geizt, wurde zwar kein Hollywooderfolg, brachte es aber zu einer Oskar-Nominierung, was vermutlich an den hochkarätigen Schauspielern lag. Bruno Ganz gibt den zwischen pathologischem Größenwahn und depressiver Zerstörungssucht hin und her schwankenden Hitler mit allen Symptomen einer schweren Parkinson-Erkrankung. Eine zu allem entschlossene Corinna Harfouch vergiftet, als Magda Goebbels verkleidet, mit melodramatischer Geste ihre sechs Kinder und schließlich sich selbst. Juliane Köhler ist die sympathisch-frivole Eva Braun, die es nicht an hysterischer Aufgekratztheit fehlen lässt, während Alexandra Maria Lara den guten Geist im Führerbunker gibt und Hitlers Sekretärin Traudl Junge darstellen soll, die völlig unschuldig mitten in das Endzeitspektakel hineingeraten ist. Der attraktive und „Tatort"-bewährte Schauspieler Heino Ferch schlüpft in die Rolle des „Hofarchitekten" und Rüstungsministers Albert Speer, wobei „Rolle" hier ganz wörtlich zu nehmen ist, denn die Filmfigur hat mit der historischen Person wenig gemeinsam. Der im Film konziliant und in Zivil auftretende Ferch, alias Speer, versucht mäßigend auf Hitler einzuwirken, der wiederum hartnäckig an seiner Politik der verbrannten Erde festhält und noch immer an den „Endsieg" glaubt, obwohl ein Teil seiner Generäle sich bereits von ihm abgewandt hat. Tatsächlich war der Hitler-Intimus als „Architekt der Führerhauptstadt Germania [...] verantwortlich für die ‚Entjudung' Berlins und in dieser Eigenschaft an der Deportation der Berliner Juden maßgeblich beteiligt. In seiner Rolle als Rüstungsminister fungierte er als der Planungsbevollmächtigte und Geldgeber für alle KZ-Bauten inklusive der Erweiterungsbauten im Vernichtungslager Auschwitz."[12] und plädierte bis zum Schluss für ein „zähes Durchhalten an der Front",[13] wodurch er, so der Historiker Heinrich Schwendemann, „de facto [...] ein unermessliches Blutbad, die Vernichtung von Millionen Menschen an Rhein und Oder" riskiert habe.[14] Auch der von Christian Berkel verkörperte Ernährungsinspekteur und SS-Arzt Ernst Günther Schenck, der durch Versuche mit Häftlingen im KZ Mauthausen das Leben von hunderten Gefangenen auf dem Gewissen hat, wird als jemand dargestellt, der sich in rührender Weise für andere aufopfert. Der Wissenschaftler Michael Wildt bemerkt dazu in der Publikation „Zeithistorische Forschungen" treffend: „Hätte der heldenhaft-menschliche Arzt im ,Untergang' nicht Schenck, sondern Müller, Meier oder Schulze geheißen, so bliebe diese Figur des Drehbuchs allemal SS-Kitsch, aber wir wären zumindest der Irreführung enthoben, dass es sich bei Schenck um Schenck handele."[15]

So könnte man fortfahren und bei allen handelnden Figuren des Filmes eine Diskrepanz zwischen ihrer historischen Vorlage und der dramaturgisch induzierten Umwandlung derselben in holzschnittartige Stereotype feststellen. Das allein wäre aber noch kein Novum in der Filmgeschichte, in der die Verkitschung historischer Ereignisse ein bewährtes Erfolgsgeheimnis darstellt. Frappierend ist in diesem Fall vielmehr, dass Eichinger und Hirschbiegel für ihren Film „Authentizität" beanspruchen.[16] Dazu Hirschbiegel: „Die Herausforderung bestand darin, nicht erfundene Charaktere glaubhaft zu inszenieren, sondern vorgegebene, wirkliche Menschen wieder zum Leben zu erwecken, quasi dokumentarisch zu verfolgen."[17] Damit inszeniert sich der Film selbst als Quelle.[18] Konstruierte Dialoge werden als „authentisch" bezeichnet und bekommen damit einen Realitätsgehalt zugewiesen, der sie fälschlicherweise als historisch verbürgt erscheinen lässt. Vollmundig spricht Regisseur Hirschbiegel von seinem Film als „historischem Auftrag" in dem Sinne, als es notwendig sei „wieder [...] in unsere Geschichte (einzutreten), statt sie einfach abzuwickeln. Über die Tätervolkdebatte ist das nicht möglich. Als Volk haben wir eine Schuld auf uns geladen, die wir nie werden tilgen können. Aber wir müssen anders damit umgehen. [...] Wir brauchen dennoch eine neue Haltung und eine nationale Identität. Sonst stagnieren wir auch kulturell. Mit diesem Film fällt es mir leichter zu sagen, dass ich ein Deutscher bin – und dass mir das nicht peinlich ist."[19] An Aussagen wie dieser wird deutlich, dass es im „Untergang" auch um die Rehabilitierung der Täter-(-generation) geht, deren fatales politisches Vermächtnis bis heute nachwirkt. Die gebetsmühlenartig vorgetragene Behauptung von Produzent und Regisseur, dass es sich bei ihrem Film um einen „Tabubruch" handelte, weil sich erstmals *deutsche* Filmemacher und *deutsche* Schauspieler des Themas so radikal bemächtigt und keine Scheu gezeigt hätten, ihre eigene Geschichte darzustellen,[20] klingt nach trotzigem Aufbegehren gegen eine politische und kulturelle Bewegung, die es sich seit Ende der 1960er-Jahre bis heute zur Aufgabe gemacht hat, Fragen von Schuld, Mitläufertum, Verleugnung und Verdrängung zu analysieren, dem Wiedererstarken totalitärer Tendenzen entgegenzuarbeiten und die Erinnerung an die Opfer des Nationalsozialismus wach zu halten. „Die Deutschen haben heute ihre Geschichte, aber sie haben sie nicht mehr am Hals. Das erlaubt ihnen auch, Hitler in die Augen zu schauen", lässt sich Eckhard Fuhr, der auch das Pathos des „Tabubruchs" bemüht, 2004 in der Zeitung „Die Welt" zum Film „Der Untergang" vernehmen. Der Film sei „ein Zeichen der Emanzipation" und „kein weiterer Beitrag zum Nazi-Exorzismus".[21] Auf dem Hintergrund zunehmender Aktivitäten rechtsradikaler Gruppierungen in Deutschland, insbesondere der zwischen 2000 und 2006 verübten rassistisch motivierten Bombenanschläge und Morde durch die NSU („Nationalsozialistischer Untergrund"), stellt sich die Frage, wohin diese „Emanzipation" führt.[22] Dass der bereits wegen Volksverhetzung verurteilte NPD-Funktionär Karl Richter, Redakteur einer rechtsextremen Zeitschrift, als Komparse in der Rolle des Adjutanten von Generalfeldmarschall Keitel beim Filmdreh mitgewirkt hat, zeigt deutlich, welche Grundstimmung der Film transportiert. Die „authentische Atmosphäre", von der „alle erfasst" waren, sei das „eigentliche Erlebnis" gewesen, sollte Richter später in seinem (inzwischen eingestellten) Naziblatt „Nation und Europa" schreiben, und dass es ihn „besonders bewegt" habe, als „Hitler ihm die Hand schüttelte". Laut Richter, für den der Film ebenfalls den „Beginn einer historiographischen Wende" markiert, waren auch noch 15 bis 20 andere ihm bekannte Personen aus dem rechtsextremen Lager als Komparsen am Set.[23] Die Besetzung von Statistenrollen mit Neonazis war von der Casting-Agentur vermutlich nicht so vorgesehen, aber man möchte darauf mit dem russischen Sprichwort antworten: „Wer sich mit Hunden ins Bett legt, wacht mit Flöhen auf."

In der Behauptung der „Authentizität", wie sie gleichermaßen vom Filmteam als auch von dem Neonazi Karl Richter aufgestellt worden ist, steckt tatsächlich eine tiefere Wahrheit; allerdings anders als von Eichinger und Hirschbiegel intendiert. Was hier als „authentisch" wahrgenommen wird, verdankt sich nicht unbedingt der historisch korrekten Detailtreue des Dargestellten oder der Frage, inwieweit es Bruno Ganz gelungen ist, sich mimetisch an Hitler anzugleichen, sondern vielmehr der unterschwelligen Reinszenierung emotional aufgeladener Topoi, mit denen die Naziideologen die Vorstellungswelt ihrer Anhänger kontaminiert haben. Der Historiker

Saul Friedländer hat in seinem scharfsichtigen Essay über „Kitsch und Tod" dargelegt, dass dieses propagandistische Reiz-Reaktions-Schema nach wie vor wirksam ist:[24] „Die Attraktivität des Nazismus lag keineswegs nur in seiner explizit propagierten Doktrin, sondern mindestens ebenso auch in der Kraft seiner Emotionen, in den von ihm geweckten Bildern und Phantasmen [...] Mehr als die ideologischen Kategorien gilt es infolgedessen die Fortdauer dieser unterschwelligen Bilder, die Struktur dieser Linken wie Rechten gemeinsamen Phantasmen freizulegen. Denn auf dieser Ebene führen die rezipierten Werke ein Eigenleben in unserem Unterbewusstsein als Leser oder Zuschauer."[25] Insbesondere die schon oft beschriebene Verklärung und Erotisierung des (Helden-) Todes, die Amalgamierung von Eros und Thanatos, ist eines der immer wiederkehrenden Motive des Nationalsozialismus. Es drückt sich bis heute als wenig greifbares Faszinosum durch verschiedenste Film- oder Buchtexte wie ein Kiesel durch die Schuhsohle, auch wenn vordergründig Kunst, Aufklärung oder Vergangenheitsbewältigung behauptet werden. Freilich handelt es sich dabei nicht „um den wahren Tod in seinem alltäglichen Schrecken und seiner tragischen Banalität, sondern um einen rituell verklärten, stilisierten und ästhetisierten Tod"[26], also der Kitschversion desselben. Auf dafür empfängliche Gemüter entfaltet er nach wie vor seine süßlich giftige Wirkung, wie die Geschichte von Herrn Blum zeigt, der immer wieder mit nekrophiler Lust die Nacherzählung aus dem Führerbunker konsumierte. Der Film war für ihn insofern die Quadratur des Kreises, als der darin transportierte Todeskitsch einerseits seine Sucht nach perverser Erregung bediente und ihm gleichzeitig ermöglichte, sich als jemand zu fühlen, der mit einem kritischen Geschichtsbewusstsein ausgestattet ist. Er konnte sich changierend sowohl mit den Tätern als auch mit den Opfern des Terrors identifizieren, weil im „Untergang" die Unterscheidung zwischen Tätern und Opfern auf eine plakative Weise aufgehoben, um nicht zu sagen *umgekehrt* wird. Aus der Judenvernichtung wird eine „Deutschenvernichtung".[27] Die doppelte Buchführung, die Herr Blum in seinem Familienleben praktizierte, setzte er an dieser Stelle fort. So wie der Hass zwischen den Eheleuten mithilfe einer thailändischen Traumhochzeit in das weichzeichnende Licht der Scheinidylle getaucht und damit in etwas Verträgliches umgewandelt worden war, erfährt im Film die unvorstellbare Grausamkeit des faschistischen Regimes eine sentimentale Umdeutung in ein kinotaugliches Kammerspiel, besetzt mit der ersten Garde der deutschen Publikumslieblinge aus Film und Fernsehen. So wird Perversion salonfähig. Und während in „Der Untergang" und ähnlich historisierenden Darstellungen der Nazizeit[28] zumindest noch die Fassade eines dokumentarischen Gestaltungswillens aufrecht erhalten werden kann, existiert daneben – quasi am Ende der Skala – bereits ein eigenes Filmgenre der Nazipornografie, indem unter der Verwendung von SS-Requisiten ungeniert schrankenlose Gewaltausübung mit sadomasochistischen Sexualpraktiken verknüpft wird.[29]

KITSCH UND KRISE Von einem, der auszog, sich unersetzlich zu machen. Eine länderübergreifende Helfergeschichte.

Vor einigen Jahren begann unser Sohn in einer 200 Kilometer entfernten Stadt zu studieren. Erreichen konnte man ihn von da ab verlässlich über Facebook, weshalb ich meine Vorbehalte gegenüber Datenmissbrauch und mangelnder Transparenz über Bord warf und mich zur „Freundin" meines Sohnes machte – eine Form der Beziehung, die ich bis dato mit „Mutterschaft" für unvereinbar gehalten hatte. Ich bemühte mich, neben der Familienkommunikation, um möglichst seriöse virtuelle Kontakte, die sich in politischen Informationen und anregenden journalistischen Beiträgen niederschlagen sollten, und brachte es dabei zu einigem Geschick.

Doch dann wurde ich plötzlich von kulleräugigen Koboldmakis und putzigen Katzenbabies heimgesucht, wobei letztere vorzugsweise zwischen den Pfoten großformatiger Rassehunde oder unbeteiligt dreinblickender Tiger und Löwen kuschelten. Manchmal turtelten sie auch mit Kanarienvögeln und anderem Getier, das man, wenn es denn mit rechten Dingen zuginge, eigentlich eher in der Abteilung „Katzennahrung" vermuten würde. Diese verkitschten Versionen der Schleich- und Lauerjäger erreichten mich regelmäßig per Film, Standbild und flammendem Appell (Teile mich!), aber vor allem kamen sie aus einer Richtung, aus der ich sie nicht erwartet hätte. Sie mischten sich zu meiner Irritation mit drastischen Schilderungen von Hunger, Armut und mangelnder medizinischer Versorgung, „geliked" und „geteilt" von Herrn Fritsch[30], dem Betreiber und Gründer einer privaten Hilfsorganisation, deren Ziel es war, in großem Maßstab griechische Spitäler und Waisenhäuser mit Sachspenden zu unterstützen. Auch ich hatte nach einem

Fernsehbeitrag über den Initiator und unter dem noch frischen Eindruck der Krisenberichterstattung aus Griechenland Geld für sein ambitioniertes Projekt gespendet. Zusätzlich verlinkte ich mich auf Facebook sowohl mit seiner Organisation als auch mit seiner persönlichen Seite, um regelmäßig von Herrn Fritsch über den Fortgang seiner karitativen Unternehmung informiert zu werden.

Anfänglich amüsierte mich der Katzenkitsch des Griechenlandaktivisten, aber dann begann ich mich zunehmend über seine Berichte auf Facebook zu ärgern, weil deren subtile Aggressivität und vorwurfsvolle Larmoyanz immer penetranter wurden. Die Kombination aus Selbstüberhöhung und ressentimentgeladenen Rundumschlägen gegen „die" (EU-)Politiker auf dem Hintergrund der schon erwähnten sentimentalen Bilderreigen ließ keinen Zweifel daran, dass auch hier eine der Spielarten des Kitsches vorlag, die eine Kehrseite besitzen.

Neben den von Herrn Fritsch „geteilten" Tierbabies gab es auch Fotos, auf denen er selber wahlweise mit Obdachlosen oder mit behinderten Kindern eines Waisenhauses zu sehen war. Eine Pose beeindruckte mich nachhaltig: Wie der heilige Christophorus, der den Erlöser vor dem Ertrinken rettet, hält er ein kleines Kind auf dem Arm, jedoch ohne es dabei anzuschauen. Vielmehr ist sein anklagender Blick sinnierend in eine unbestimmte Ferne gerichtet. Helden seines Schlages setzen sich mit den Adressaten ihrer Wohltätigkeit so ins Bild, dass sich die Aura ihres Edelmutes mit Wucht entfalten kann. Einsam stemmen sie sich der Ungerechtigkeit der Welt entgegen und ragen wie rettende Leuchttürme aus dem Meer der Gleichgültigkeit heraus. Ironischerweise erhielt ich kurze

Zeit später auf Facebook einen von Herrn Fritsch geteilten Aufruf der Polizei, der an alle Benutzer des Netzwerkes appellierte, keine Kinderbilder zu posten, denn auch Kinder hätten eine Privatsphäre, die es zu schützen gälte. Das trifft scheinbar nicht für den Initiator des Hilfsprojektes zu, der auch sonst streng zwischen seinem eigenen Tun und dem Engagement anderer Helfer unterscheidet. So heißt es zum Beispiel auf seiner Facebook-Seite über Griechenlandreisende, die im Krisensommer 2015 vor Ort spontan ihre Unterstützung für die ortsansässige Bevölkerung angeboten hatten:

Privataktionen find ich einfach komplett daneben. Hilfe muss organisiert und geplant ablaufen, sonst geht sie voll daneben. Ein Tourist bringt ein Paket ins Krankenhaus und dann – kommt er ein Jahr später wieder und bringt wieder eins. Das ist ein Wecken von Hoffnung, die dann nicht erfüllt wird und vermittelt stark das Gefühl von Mitleidstourismus.

Diese Äußerung ist insofern paradox, als es sich bei der Unternehmung von Herrn Fritsch ebenfalls um eine „Privataktion" handelt, die nur so lange funktioniert, wie Firmen und Privatpersonen bereit sind, ihm Geld- und Sachspenden zur Verfügung zu stellen, die er dann im Namen seines Vereins verteilen kann. Erfahrungsgemäß versiegen Spendenflüsse dieser Art auch schnell wieder, wenn sich der Fokus der medialen Aufmerksamkeit auf einen anderen krisengeschüttelten Teil der Welt verschiebt, was zwangsläufig zu einer Enttäuschung der Empfänger in Griechenland führen muss. Herr Fritsch hat die Versorgung der Griechen jedoch langfristig zu *seiner* Sache erklärt und tut genau das, was er bei anderen Helfern kritisiert: Er verspricht einen nie endenden Strom der Hilfsgüter! Man könnte den Eindruck gewinnen, die Griechen seien nicht dazu in der Lage, jemals wieder aus eigener Kraft eine funktionierende medizinische Infrastruktur zu errichten.

Viele Menschen hier, die mir sehr am Herzen liegen, haben mich gebeten, hier zu bleiben; Thomas[31], du musst bleiben und den Menschen [...] erzählen, was hier los ist. So, nun bleib ich also bis Montag, auch wenn ich ihnen nicht helfen kann – nur zuhören und für unsere Waisenhäuser und Behindertenheime Lebensmittel besorgen. Gott steh den Menschen bei. [...] Liebe Menschen in Griechenland, wir lassen Euch nicht allein!

Und fast trotzig erklärt er an anderer Stelle, wobei er sich – wie meistens – der Wir-Form bedient:

Eine Mutter will ihr Kind hergeben, da sie nicht mehr in der Lage ist, es zu versorgen. Wir fahren da jetzt hin und werden das verhindern. [...] Ich sag Euch am Donnerstag, wie es ausgegangen ist.

Die besagte Frau wird gar nicht erst gefragt, welches denn ihre genauen Beweggründe sind. Es wird völlig ignoriert, ob Hilfe überhaupt erwünscht ist. Herr Fritsch „fährt da jetzt hin" und nimmt die Sache in die Hand. Eine paar Tage später wird er dann via Facebook berichten, dass er „ein sofortiges Weggeben erst mal verhindert hätte". Was immer das auch heißt. Auf jeden Fall sichert es ihm den begeisterten Applaus seiner Fangemeinde im Netz, die ihn dafür mit Herzchen, Likes und putzigen Figuren überschüttet. Eine besondere Bewandtnis hat es jedoch mit...

[...] alleinstehenden Müttern, die nachts auf der Straße mit ihren Babies ihr Geld verdienen müssen.

Diese Frauen (Prostituierte?) kommen in verschiedenen Zusammenhängen immer wieder vor und bieten dem Leser aufgrund der vagen und verqueren Beschreibung ihrer Situation (was bedeutet: „mit ihren Babies Geld verdienen"?) Anlass für alle möglichen (lustvollen?) Fantasien. Auch an anderer Stelle wird mit Andeutungen die Fantasie befeuert, wenn es zum Beispiel heißt:

Wir haben einen Apotheker gesprochen und was dieser uns erzählt hat, ist nicht mal mehr öffentlichkeitstauglich. Das ganze Ausmaß der Katastrophe möchte ich hier nicht bekannt geben. Es genügt, wenn wir das wissen [...]

Die Indifferenz der Aussage löst Unbehagen aus, ebenso wie das Pathos und die Theatralik, welche die Einträge von Herrn Fritsch durchziehen. Die andere Seite des Mutterkitsches und der sentimentalen Anbiederung an die „unterversorgten" Griechen drückt sich in wüsten Anschuldigungen gegen übergeordnete Mächte aus, die zwischen allen möglichen, zum Teil auch diffusen Feindbildern oszillieren.

Das Problem ist nicht Griechenland. Sie vergewaltigen ganz Europa. Ich weiß nicht, ob psychische Gewalt besser ist als physische. Gewalt ist Gewalt und Vergewaltigung ist Vergewaltigung. Europa im Würgegriff einiger Größenwahnsinniger [...]

[...] Sie haben Europa zu einem Spielplatz für Spekulanten, Banker, Politiker und Großkonzerne gemacht. Europa sind aber die Menschen, die hier leben. Die Werte Menschlichkeit und Solidarität sind vom Wert der Bilanzen und Gier nach Macht und Geld abgelöst worden. Das muss ein Ende haben. Krisentote sind keine Kollateralschäden [...]

[...] Griechenland ist bald weich, in die Knie gezwungen. Die Finanzminister der EU und deren Komparsen vollführen da einen Völkermord durch den Schlitz der Sparsau [...]

[...] Im Moment produzieren sie Leichenberge im Streit um politische Macht, Rechthaberei und Vermögensrettung von gewissenlosen Spekulanten [...]

Und dann wird er zynisch:

Auch eine schöne Leistung: Man hört vermehrt, dass Griechinnen nach der Geburt ihre Kinder im Spital zurücklassen. Super, bald ists geschafft: Die Griechen vermehren sich nicht mehr, so löst sich das Problem dann von selbst [...]

[...] 3,5 Millionen Europäer/Griechen hungern, frieren, sterben, sind ohne ärztliche Versorgung und offenbar sieht da kaum jemand hin. Ach, geliebtes Europa, du bist ja so menschlich und gut [...]

Diese Einträge bewirken vor allem eines, nämlich eine Flut wütender Kommentare aus seiner Fangemeinde, die sich insbesondere gegen EU-Politiker richten, welche dann auch schon mal als „vollgefressene Idioten" bezeichnet werden, die nur an „ihrem Zahltag interessiert sind". Auch rassistische Seitenhiebe gegen „undankbare" syrische Flüchtlinge werden gepostet, die angeblich mehr Unterstützung bekämen als griechische Notleidende, wobei Herr Fritsch selber in seinen Beiträgen niemals soweit gehen würde, sich zu solch absurden Behauptungen zu versteigen. Dennoch schüttet er ständig Brandbeschleuniger in das Feuer derer, die gerne ihren diffusen Hass auf „die da oben", auf „Kapitalisten", Politiker und Ausländer irgendwo deponieren möchten. Nicht von ungefähr fand ich in einem Fan-Kommentar den Ausdruck „Lügenpresse", der zum Schlagwort der rechtsradikalen Pegida-Bewegung geworden ist, während an anderer Stelle in einem Leserkommentar die Griechen als „stolzes, schönes und starkes Volk" bezeichnet werden. Wie subtil Herr Fritsch, der nicht davor zurückscheut, kurz vor den Präsidentschaftswahlen in Österreich seine Sympathie für die rechtspopulistische FPÖ zum Ausdruck zu bringen, diese Klientel bedient, zeigen auch folgende Einträge, von denen der erste nach einer Obdachlosenspeisung veröffentlicht wurde und der zweite nach dem Besuch eines Flüchtlingslagers in Athen. Beide Male wird zwischen Flüchtlingen und notleidenden Griechen polarisiert:

Heute waren wir wieder bei unseren Obdachlosen in Piräus und haben sie mit Essen und Trinken versorgt.

Dort hatten sie bis vor Kurzem eine Halle, wo sie in kalten und verregneten Tagen unterschlüpfen konnten. Jetzt hat man sie dort vertrieben und Flüchtlinge einquartiert. [...] Eine Frau hier wollte eine Wohnung kaufen, man hat es ihr verweigert. Einige große Konzerne kaufen alles, was am Immobiliensektor zu kriegen ist und vermieten an Flüchtlinge. Das ist sicheres Geld, denn es kommt ja aus Brüssel.

Und in einem anderen Eintrag:

Ein Land, das selbst am Abgrund steht, Menschen, die selbst nichts mehr haben und die täglich ums Überleben kämpfen, schaffen es um Häuser besser, die Flüchtlinge zu versorgen, als unsere in Selbstlob versinkenden Herrschaften. An alle Politiker der EU, schneidet Euch eine Scheibe ab, und wenn ihr nicht wisst, wie man mit Menschen umgeht, die Griechen zeigen es euch.

Spätestens an dieser Stelle fragt sich der aufmerksame Leser, was es mit „*den*" Griechen eigentlich auf sich hat? Wer gehört dazu und wer nicht? Und wie verhält es sich mit den Griechen, die ihr Kapital angesichts der instabilen Verhältnisse vorsorglich ins Ausland transferiert haben? Wie steht es um Misswirtschaft und Korruption? Wenn es um solche Fragen geht, wird Herr Fritsch dezidiert unpolitisch:

„*Wenn Ihr Euch täglich mit allen Nachrichten und Meldungen zerfleischt macht Ihr diese unsägliche* [Situation?] *für alle nur noch schwerer. Ich weiß diese Ge-*

schichte entwickelt sich für alle zu einem unendlichen Albtraum. Noch mehr ein Grund zusammenzuhalten. Niemand weiß, wie diese Sache ausgehen wird, und ganz gleich was passiert, wir haben einen Auftrag. Und der ist nicht politisch. Gott sei Dank brauchen wir keine Schuldigen suchen und keine Lösungen finden. Wir müssen nur so vielen Menschen wie möglich die Situation erleichtern, so gut wir können. Das tägliche Analysieren und Diskutieren der täglichen Meldungen macht uns alle noch fertiger als wir sowieso schon sind. Bitte, bitte, bitte, bitte, konzentrieren wir uns auf das Wesentliche und überlassen sinnlose Diskussionen, die zu nichts führen, anderen Leuten.

„Schuldige" muss er nicht erst suchen, denn er hat sie ja in seiner schlichten Welt, in der die Bösen immer aus Brüssel kommen („Krebsgeschwür") bereits gefunden und mehrfach an den Facebook-Pranger gestellt. Gut und edelmütig sind *die* Griechen, mit denen *Herr Fritsch* es zu tun hat, die er erst mit Idealisierung auflädt, um sich dann mit ihnen zu identifizieren; und zwar so intensiv, dass er selbst griechischer wird als die Griechen, obwohl er nicht ihre Sprache spricht. Nach den Wahlen postet er:

[...] die Menschen in Griechenland lassen sich nicht von außen diktieren was sie zu tun oder wen sie zu wählen haben. Ich bin so stolz auf Euch. Auf all die Griechen die sich heute ihre Würde und ihre Identität bewahrt haben. Ihr seid ein großartiges Volk.

Einige Facebook-Einträge später wird Herr Fritsch jedoch wieder einmal des Abends erschöpft und ausgelaugt vor seinem Laptop sitzen und in virtueller Zwiesprache mit seinen daheim gebliebenen Anhängern anklagende Kommentare verfassen, weil seinen ehrgeizigen Anstrengungen Grenzen gesetzt sind. Seine ganze Helferbegeisterung kippt in ihr Gegenteil, und es herrschen Enttäuschung, Kränkung und Wut, die genauso unkontrolliert und maßlos in ihm aufwallen wie vorher die selbstverliebte Euphorie.

[...] ein Land, ein Volk, ausgeblutet, ausgebeutet, ausgelaugt, hoffnungslos. Ich hab keine Ahnung, wie weit sie „ihr Europa" samt Menschen noch in den Schmutz treten. Nur, unser Europa, das Europa, das sie uns versprochen haben, es existiert nicht. Miteinander, Menschlichkeit, Solidarität, sie sollten in Wörterbüchern nachschlagen, wenn sie wissen, was das ist.

Was bei genauerer Betrachtung der Aktivitäten von Herrn Fritsch, vor allem aber seiner Selbstdarstellung im Netz, sichtbar wird, ist weniger ein altruistischer Vorgang, als vielmehr ein fragwürdiges Geschehen, in dem sich jemand unter der Flagge der Nächstenliebe auf eine Weise narzisstisch konsolidiert, die auf ein hohes Potenzial verdrängter Aggression hindeutet. Je tiefer man in die Materie der Facebook-Einträge von Herrn Fritsch einsteigt, umso mehr Hasspostings fördert man zutage und umso frappierender wird der Kontrast zwischen seinen öffentlichen Auftritten in diversen Fernsehsendungen, in denen er als selbstloser Wohltäter präsentiert wird, und der Gewalttätigkeit seiner Sprache. Er bespielt virtuos die Klaviatur der Ressentiments, wie man sie sonst eher aus dem rechtspopulistischen Spektrum kennt. Wäre Herr Fritsch nur ein Privatmann, der, wie so viele andere, seinen ungerichteten Hass hin und wieder ins Netz einspeisen muss, weil ihm kein anderes Ventil zur Verfügung steht, könnte man seine Aussagen vielleicht mit Kopfschütteln quittieren. Aber Herr Fritsch ist eine öffentliche Person, dessen Organisation mittels sozialer Medien täglich Tausende von Menschen erreicht. Er ist verantwortlich für das, was seine Statements auslösen, auch wenn er das selber nicht so sieht; wer Wind sät, wird bekanntlich Sturm ernten. Sein Verhalten lässt an einen bestimmten Helfertypus denken, wie er immer wieder anzutreffen ist, und den ich im Folgenden analysieren möchte. Dabei beziehe ich mich auf die Arbeit des Psychoanalytikers Wolfgang Schmidbauer, dessen 1977 erstmals erschienenes Buch „Die hilflosen Helfer"[32] immer noch als Klassiker gelten darf. Es beinhaltet unter anderem die tabuisierte Einsicht, dass Hilfsbereitschaft nicht zwangsläufig uneigennützig sein muss.

Schmidbauer beschreibt Menschen aus helfenden Berufen, die aufgrund eines Mangels an adäquater elterlicher Fürsorge in der Kindheit bestimmte psychische Defizite entwickelt haben. Diese äußern sich im Erwachsenenleben als ausgeprägte narzisstische Bedürftigkeit, um nicht zu sagen *Unersättlichkeit*. Die eigenen maßlosen oralen Ansprüche müssen verleugnet werden, indem der Helfer diese ausschließlich bei den Objekten seiner karitativen Unternehmungen verortet. Er sorgt dafür, dass er sich nicht, wie in seiner Kindheit, abhängig und hilflos fühlen muss, sondern dreht den Spieß um. Bedürftig und schwach sind nur die Empfänger seiner Leistungen, die auf diese Rolle verpflichtet werden, denn sonst fiele die bestätigende Dankbarkeit und Anerkennung weg, die der Helfer so dringend braucht wie die Luft zum Atmen. Macht, Kontrolle und die ständige Suche nach Bestätigung von außen bestimmen sein Leben. Beziehungen, die auf Gegenseitigkeit und Intimität beruhen, werden vermieden. Der Andere als autonomes Gegenüber verschwindet gänzlich, denn er ist nur Mittel zum Zweck und dient als Spiegel der eigenen Befindlichkeit. Ihm fällt die Aufgabe zu, das Ego und die Erfolge des narzisstischen Helfers zu bestätigen. Die Frage, ob Unterstützung überhaupt erwünscht oder dem Anlass angemessen ist, wird vom Helfer ignoriert.[33] Als Beispiel sei an die oben zitierte Begebenheit erinnert, in der eine Mutter, die angeblich ihr Kind weggeben wollte, von Herrn Fritsch bereits aus der Ferne, ohne dass je ein persönlicher Kontakt stattgefunden hätte, zum „Zielobjekt" seines Helferaktivismus gemacht wurde. Weitere Merkmale des Helfer-Syndroms, die Schmidbauer beschreibt, sind die Tendenz zur Selbstschädigung (24 Stunden Abrufbereitschaft, verbunden mit den häufig daraus resultierenden Suchterkrankungen und ihren Folgen), die aus der Identifizierung mit einem anspruchsvollen elterlichen Über-Ich herrührt, aber auch Äußerungen von Aggressionen gegenüber Nicht-Hilfsbedürftigen, verdrängte Todeswünsche, Mordfantasien und die Sublimierung sadomasochistischer Bedürfnisse.[34] Ein Mensch, der in seiner frühen Kindheit mit massiven Versagungen durch seine Bezugspersonen konfrontiert war, entwickelt unter bestimmten Bedingungen „eine orale Gier, die als unstillbar abgewehrt wird und auch angsterregend ist, da sie gekoppelt ist mit destruktiver Aggressivität, verzehrendem Neid, reaktiven Schuldgefühlen und schlechtem Selbstwertgefühl."[35] Diese unerträglichen Gefühle müssen ausgelagert werden, was durch Projektion und Spaltung geschieht. Die Postings von Herrn Fritsch auf Facebook illustrieren die bei Schmidbauer beschriebene psychische Dynamik eindrucksvoll. Der Griechenlandaktivist stellt sich gänzlich selbst- und bedürfnislos dar, während die Griechen, das „stolze, schöne und starke Volk" (Fritsch) im Schein seiner Wohltätigkeit zu leuchten beginnen. Die feindliche Außenwelt hingegen ist von Monstern und Mördern bevölkert, deren Physiognomie zum Teil Merkmale aufweist, die an die sozioökonomischen Judenstereotypen der Nazipropaganda erinnern (geldgierig, weltweite Verschwörung, Schacher, Zinswucher). Hier noch einmal Herr Fritsch:

Spekulanten, Politiker, Lobbyisten, Großkonzerne, sie ziehen plündernd und raubend über den Planeten hinweg. Sie hinterlassen verbrannte Erde, verseuchte Meere, geplünderte Urwälder und Berge von Leichen. Sie treiben die Menschheit vor sich her, wer es wagt sich ihnen entgegen zu stellen wird platt gemacht. Jedes Mittel ist ihnen recht und kein Toter zu viel. Menschen haben ihren Wert verloren. Zuviel Milch, Preis fällt, zu viel Öl, Preis fällt, zu viel Menschen, Wert fällt. Sie wachsen von selber nach. Und solange die verrecken, die unproduktiv sind, was soll's. Am Ende muss es gut für's Wirtschaftswachstum sein. Selbst Leichenberge sind gut für's Wirt-

schaftswachstum. Sie werden Europa töten, wie sie es mit Griechenland machen. Sie werden Euch versklaven und Euch alles nehmen.

Die extreme Spaltung von Gut und Böse ist hier nicht zu übersehen. Herr Fritsch buchstabiert seine Endzeitszenarios geradezu *lustvoll* aus. Er schichtet quasi einen „Leichenberg" auf den nächsten und wendet sich dabei immer *direkt* an seine Leserschaft, der er, einem Zeugen Jehova gleich, mal mahnend, mal drohend ein nicht näher bezeichnetes Endzeitspektakel voraussagt. Die Reaktionen im Netz changieren zwischen wohligem Schaudern und wütender Hasstiraden. Wenn es jemand aus der Fangemeinde tatsächlich einmal wagt, Zweifel an Herrn Fritschs generalisierenden Aussagen anzumelden, wird er von der Leibstandarte des Griechenlandhelfers sofort aufs Gröbste beschimpft. Immer wieder kommt es zwischen Fritsch-Anhängern auf Facebook zu verbalen Eskalationen. Fritsch selber, der ja der Urheber dieses Hasses ist, den er auf mehr oder weniger subtile Weise ins Netz einfließen lässt, wartet jeweils die höchste Eskalationsstufe ab, bis er zur Beruhigung der erhitzten Gemüter, einem abgeklärten Pfarrer gleich, salbungsvolle Worte in die Diskussion streut. Gerne beteuert er in diesem Zusammenhang sein Desinteresse für Politik.
Diese öffentliche Absage an die Politik, die auf den ersten Blick paradox anmutet, weil ihr Verfasser sich ja ständig, wenn auch auf einem populistischen Niveau, zu politischen Themen äußert, erhellt die Beweggründe für sein Hilfsengagement in einer von ihm vermutlich nicht intendierten Weise. Es scheint Herrn Fritsch in der Tat nicht

darum zu gehen, politisch etwas zu bewegen („*Gott sei Dank brauchen wir keine Lösungen finden*", heißt es an einer Stelle), sondern sich eine Bühne zu schaffen, auf der er seinen persönlichen Lebenskonflikt reinszenieren kann. Wie sollte man es sonst verstehen, dass er (nach eigenen Aussagen) keinen Einfluss auf die politischen Verhältnisse nehmen will, die ja schließlich die Ursache für den Versorgungsmangel sind? Immerhin handelt es sich um einen Versorgungsmangel, der nicht situativ durch eine Naturkatastrophe (Erbeben, Überschwemmungen etc.) ausgelöst worden ist, sondern struktureller und vor allem langfristiger Natur ist! Insofern wäre es eigentlich angezeigt, Hilfsangebote mit Forderungen nach infrastrukturellen Verbesserungen zu verknüpfen bzw. Projekte zu unterstützen, die den entsprechenden Einrichtungen zu mehr Autonomie verhelfen würden. Statt Obdachlosenspeisungen vorzunehmen, in denen Herr Fritsch nach einer mehr als 2.000 Kilometer langen Anreise per Schiff und Auto höchstpersönlich Lebensmittel und zuweilen sogar Geld verteilt (er spricht in diesem Zusammenhang gerne von „*meinen*" Obdachlosen), könnte man sich darüber hinaus die Unterstützung kleiner privatwirtschaftlicher oder landwirtschaftlicher Betriebe vorstellen, um eben diesen Menschen ein bescheidenes, selbstverdientes Einkommen zu ermöglichen. Solcherart Maßnahmen würden Herrn Fritsch und seine Hilfsorganisation jedoch sukzessive überflüssig machen, was ganz augenscheinlich nicht sein primäres Anliegen ist.

Es liegt die Vermutung nahe, dass es in seiner Kindheit ebenfalls Versorgungsdefizite gegeben haben könnte, die jetzt gewissermaßen mit dem Versorgungsmangel der Griechen korrelieren. In diesem Fall würden die Obdachlosen, die Herrn Fritsch ein besonderes Anliegen sind und unter die er sich sehr gerne mischt, den eigenen „unterversorgten" Teil seiner Persönlichkeit repräsentieren und seine persönliche Bedürftigkeit widerspiegeln, die er verleugnen muss, indem er die Rollen umkehrt. Als Wohltäter gelänge ihm so die Quadratur des Kreises: Der unstillbare emotionale Hunger des vernachlässigten Kindes fände seinen gesellschaftlich anerkannten Ausdruck im unentwegten Sammeln von Geldern und Sachspenden. Wenn eine Hilfsorganisation so strukturiert ist wie die des Herrn Fritsch, sie den Betroffenen also *nicht* Hilfe zur Selbsthilfe ermöglicht, sondern ausschließlich Güter akquiriert und verteilt, ist „Gier" keine Todsünde mehr, sondern eine *opportune Charaktereigenschaft* und in der öffentlichen Meinung ethisch hoch besetzt.

Jetzt könnte man theoretisch von einer Win-win-Situation sprechen, die jedem Beteiligten dienlich ist, wäre da nicht dieses enorme Aggressionspotenzial auf Seiten des Helfers, wie es sich in den bereits zitierten Facebook Einträgen manifestiert. Für diese anwachsende Aggression gibt es mehrere mögliche Gründe:
Wie viele Sattelschlepper an Hilfsgütern Herr Fritsch auch immer nach Griechenland schicken mag, sein implizites und latent größenwahnsinniges Vorhaben, mehr oder weniger als Einzelperson wirtschaftliche Ungerechtigkeit im Europa umspannenden Maßstab zu kompensieren, ist ein Fass ohne Boden. Wer in dieser Form hilft, muss mit seinem Engagement ständig scheitern,

was einer permanenten narzisstischen Kränkung gleichkommt. Auch die Dankbarkeit der Griechen lässt sich nicht ad infinitum steigern und wird irgendwann einmal ihren Plafond erreicht haben. Daher scheint Herr Fritsch, wie ein Suchtkranker, immer höhere Dosen an Anerkennung zu brauchen, um zufrieden zu sein (sein Hilfsprojekt wächst – um den Preis der Selbstausbeutung[36] – kontinuierlich und inzwischen länderübergreifend an), und für diesen Zweck benötigt er immer mehr Spendengelder. So entsteht zum einen eine proportional steigende Abhängigkeit von den tatsächlichen Gönnern, deren großzügige Zuwendungen das Werk am Laufen halten, aber auch ein sich ständig erhöhender Bedarf an unbezahlten Mitarbeitern, die aufgrund ihrer medialen Marginalisierung eine Art unsichtbares Heer der Hilfshelfer darstellen. Es ist aber vornehmlich Herr Fritsch, der im Fokus der öffentlichen Aufmerksamkeit steht. Die zahlreichen tatkräftigen Unterstützer tauchen eher am Rande auf. In den diversen TV- und Zeitungsberichten über das Hilfsprojekt ist von ihnen kaum die Rede. Das ist nicht weiter verwunderlich, denn Abhängigkeit von anderen Menschen ist, ebenso wie Bedürftigkeit, im Kontext des „hilflosen Helfers" (Schmidbauer) ein gefürchteter Zustand, der unter ein striktes Verleugnungsverdikt fällt. Wenn die Abhängigkeit zu drücken beginnt, wird besagter verdrängter Hass aktiviert, der seine Wurzeln in den kindlichen Gefühlen des hilflosen Ausgeliefertseins hat. Es wurde schon erwähnt, dass Herr Fritsch immer dann zu spätabendlichen verbalen Invektiven via Facebook ansetzt, wenn er mit besonders frustrierenden Erlebnissen fertig werden muss. Seine wütenden Rundumschläge haben dann folgende Ziele: Da wären als erstes die Griechen selber, die er vielleicht unbewusst wegen ihrer Schwäche verachtet, denn ihnen wird keinerlei Perspektive und Eigeninitiative zugestanden (auch Mitleid kann eine Form der Aggression sein). Dann wären die Unterstützer des Hilfsprojekts zu nennen, die er für den fortgesetzten Spendenfluss benötigt. Ihnen wird in sadistischer Weise ein furchtbares Ende (der Welt) in Aussicht gestellt. Politiker, Banker und Wirtschaftreibende liefern schließlich die schwarz grundierte Folie der allumfassenden Destruktivität, von der er sich als Lichtgestalt abheben kann. Dabei blendet er aus, dass aus genau diesen Reihen auch die Personen stammen, die ihn im großen Stil mit Sachleistungen (Medikamenten, Babynahrung, Lebensmittel) unterstützen bzw. ihn zu Gesprächen und Symposien einladen und damit garantieren, dass er mit seinem Projekt weiterhin die nötige öffentliche Aufmerksamkeit erhält. Würde er das nicht ausblenden, dann müsste er dankbar sein; aber dankbar zu sein bedeutet auch, sich die eigene Abhängigkeit und die Begrenztheit der eigenen Möglichkeiten einzugestehen.

Das von Herrn Fritsch entworfene Endzeitszenario und die gewalttätige Sprache seiner Facebook-Einträge nebst den daraus resultierenden verbalen Entgleisungen seiner Anhängerschaft kontrastieren nur auf den ersten Blick mit Herrn Fritschs eingangs erwähnter Affinität zu unschuldigen Tierbabies und anderen Manifestationen der Kitschausübung. Auf den zweiten Blick ist der Kitsch nur die andere Seite der narzisstischen Medaille. Damit die Spendengelder nicht versiegen, wird bei den Werbemaßnahmen der Organisation fest auf die Tränendrüsen gedrückt. „Wenn die Krise Kinderopfer fordert", heißt ein Slogan, mit dem zum Spenden aufgerufen wird und der dann tatsächlich auf einer Torte zu lesen ist, die anlässlich eines Jahrestages des Vereins zur Feier des Tages angeschnitten und im Netz gepostet wird. Der Schokoladenschriftzug „Kinderopfer" auf mit Zucker glasiertem Kuchen spricht dieselben Rezeptoren der Sinneswahrnehmung an wie die Koboldmakis auf Facebook. Es ist das Areal der süßlichen Rührseligkeit. Afrikaner oder junge Männer aus Syrien, die nicht in einem sinnlosen Krieg kämpfen wollen, fallen nicht in diese Rubrik. Sie gehören vielmehr in die andere, als bedrohlich wahrgenommene Abteilung. Wie die vorangegangene Analyse gezeigt hat, wird im Kosmos von Herrn Fritsch strikt zwischen Gut und Böse, schuldig und unschuldig unterschieden, so wie es auch ein Merkmal des Kitsches ist, dass seine Erscheinungen das Bedürfnis nach ungemischten Gefühlen bedienen. Der Trägerstoff des Kitsches ist die Sentimentalität, in deren Dunstkreis Gefühle in manipulativer Weise *inszeniert* werden, um damit ein bestimmtes Ziel zu erreichen. Kitsch tritt an die Stelle von echtem Mitgefühl. Letzteres drückt sich dadurch aus, den Anderen in all seinen Facetten erfassen zu wollen, auch den befremdlichen und unverständlichen. Es knüpft an die Fähigkeit an, Unsicherheit auszuhalten und empathisch zu sein, ohne mit dem Gegenüber kritiklos zu fusionieren. Mitgefühl ist das genaue Gegenteil einer Haltung, die sich zwar vordergründig als Nächstenliebe präsentiert, sich aber in Wirklichkeit aus eigennützigen Gründen distanzlos ihrer Objekte bemächtigt und damit nicht das ist, was sie zu sein vorgibt. Dass diese Form der Zuwendung sehr schnell in Wut und Verachtung umschlagen kann, wenn die Hilfsempfänger nicht die erwarteten Reaktionen zeigen (wie Dankbarkeit, angepasstes Verhalten etc.), liegt auf der Hand.

Zweifelsohne stellen die von Herrn Fritsch organisierten Lieferungen der Hilfsgüter für die Empfänger in Griechenland eine große, wenn auch nur momentane Erleichterung dar, denn sie befinden sich ja tatsächlich in einer untragbaren Situation des fortgesetzten Mangels. Aber dies ist gleichzeitig die Wurzel des Problems: Dass öffentliche Einrichtungen, wie Krankenhäuser oder Kinderheime von der Privatinitiative Einzelner abhängig sind, deren Beweggründe, sich karitativ zu betätigen, nicht immer frei von Nebenwirkungen sind, ist eigentlich eine Zumutung. Je mehr das soziale und ökonomische Gleichgewicht in Europa aus der Balance gerät, weil die politischen Maßnahmen zur Lösung der Armuts- und Flüchtlingskrise aus verschiedenen Gründen, die es genauer zu analysieren gälte, unzureichend sind und nicht greifen, umso größer wird der Anteil privater Hilfsinitiativen, die keinerlei Kontrolle unterliegen. Das Ergebnis ist nicht immer kalkulierbar.

KITSCH UND ESOTERIK Wie meine kranke Freundin ihr Heil im Okkultismus suchte und trotzdem starb. Über falsche Propheten und ihre Affinität zu totalitären Ideologien.

Vera und ich lernten uns beim Telefonieren kennen. Ich hatte die Nummer einer sozialen Einrichtung gewählt, die ich aus beruflichen Gründen kontaktieren musste, als mich die Stimme am anderen Ende der Leitung aufhorchen ließ. Nicht das vertraute österreichische Idiom schlug mir entgegen, sondern ein schnörkelloses Hochdeutsch. Die Frau am Telefon, so vermutete ich, müsse ungefähr in meinem Alter sein, vielleicht auch etwas jünger. Zugewandt und herzlich war die mir unbekannte Gesprächspartnerin, was sie in Bezug auf mich wohl ähnlich empfunden haben mag, denn innerhalb kürzester Zeit hatten wir den eigentlichen Grund meines Anrufes erledigt und befanden uns mitten in einem anregenden Gespräch. Beide, so stellten wir fest, hatten wir – ursprünglich aus Deutschland stammend – „nach Österreich geheiratet". Beide waren wir in Berufen tätig, die im Bereich der sozialen Versorgung angesiedelt waren, und beide taten wir uns mitunter schwer damit, Berufstätigkeit, Kinder und die Adaption an das neue Lebensumfeld miteinander zu verbinden. Aber es war wohl nicht in erster Linie die Ähnlichkeit der biografischen Eckdaten, die uns schließlich dazu bewog, spontan ein Treffen im Café zu vereinbaren, sondern vielmehr eine intuitive Verbundenheit, die sich über die Sprache, vor allem aber über den trockenen Humor herstellte, für den wir beide ein Faible hatten. Außerdem legte Vera eine tatkräftige Entschlussfreudigkeit an den Tag, die mir sehr vertraut war. Selbstmitleid und Larmoyanz waren ihr fremd. Als ich sie dann eine Woche später das erste Mal persönlich kennenlernte, war ich noch dazu von ihrer attraktiven Erscheinung beeindruckt. Es begann zwischen uns eine wechselvolle Freundschaft, die 15 Jahre lang, bis zu Veras frühem Tod mit 47 Jahren, dauern sollte.

Es ist ein oft bemühtes Klischee, dass Freundschaften zuweilen einer großen Schwankungsbreite unterliegen. Man „nähert sich einander an", um sich dann wieder „voneinander zu entfernen", „entwickelt sich gar auseinander" oder „schlägt verschiedene Wege ein". All dies traf auf die Beziehung zwischen Vera und mir tatsächlich zu, was in seiner Trivialität nicht weiter erwähnenswert wäre, hätten nicht esoterische Praktiken, für die sich meine Freundin plötzlich zu interessieren begann und denen ich mit einer gewissen Skepsis gegenüberstand, den Ausschlag dafür gegeben. Ihre Hinwendung zum Übersinnlichen, zu „Geistheilung", „Aura Analyse" und „Energiearbeit" prägte sich im Laufe der Zeit immer stärker aus und erwies sich im letzten Jahr ihres Lebens, in dem sie an einer schweren Krebserkrankung litt, als wenig hilfreich. Vera konzentrierte sich mit ihrer ganzen verbliebenen Kraft darauf, immer neue Heiler und „Lichtarbeiter" im Internet ausfindig zu machen, die sie dabei unterstützen sollten, den drohenden Tod abzuwenden. Selbst am unmittelbaren Ende ihres Lebens, als sich alle spirituellen Beschwörungsformeln als wirkungslos erwiesen hatten, glaubte sie noch daran, dass sie im Moment ihres Sterbens die selbstbestimmte Entscheidung treffen könne, ins Leben zurückzukehren. Sie hatte das Buch „Heilung im Licht" von Anita Moorjani gelesen, die behauptet, durch eine „Nahtoderfahrung den Krebs besiegt" zu haben und „neu geboren" worden zu sein.[37] Absorbiert von diesem wundersamen „Erfahrungsbericht", an den sie sich wie an einen Rettungsanker klammerte, verweigerte sie in ihren letzten Lebensmonaten den Kontakt zu jenen Menschen, in deren Gesichtern am Krankenbett sich die furchtbare Realität ihrer Situation widerspiegelte. Vera empfing, neben ihrem zweiten, ebenfalls esoterischen Vorstellungen anhängenden Ehemann, mit dem sie neben der Tochter aus erster Ehe noch drei weitere Kinder bekommen hatte, nur noch die Freundin, die auf ihre kleinen Kinder aufpasste – und mich. Nachdem es in unserer 15 Jahre währenden Freundschaft aufgrund besagter Differenzen in der Bewertung okkulter Weltanschauungen mehrere längere Unterbrechungen gegeben hatte, hatten wir uns schließlich darauf geeinigt, diese heiklen Themen in unseren Gesprächen auszuklammern. Es blieb, so waren wir überzeugt, nach deren Abzug immer noch genügend Sympathie und Verbindlichkeit übrig, auf die wir bauen konnten. Und tatsächlich: Das Fundament unserer Freundschaft hielt den Belastungen stand, die eine tödliche Krankheit mit sich bringt. Während Veras langem Sterben betrieben wir eine gewisse „Arbeitsteilung" in Sachen Zukunftsbewältigung. Während meine Freundin weiterhin in ihrem esoterischen Kosmos Trost und Halt fand, blieben für mich Trauer, Verzweiflung, Angst und Wut übrig. Zustände, die ich vermutlich in dieser Vehemenz nur deshalb aushalten konnte, weil ich es als Psychoanalytikerin gewohnt war, die Gefühle anderer Menschen in mich aufzunehmen – Emotionen, die oft so unerträglich sind, dass sie zum Zweck der besseren Verdauung in die Therapeutin ausgelagert werden. Aber die Freundschaft zu Vera war keine Therapiesitzung, und so litt ich trotz aller professioneller Kompetenz sehr unter der Unmöglichkeit, mich von ihr verabschieden zu können. Die Endlichkeit des Lebens war ein Tabu, das bis zum Schluss nicht angetastet werden durfte. Konsequenterweise verschickte Veras Mann nach ihrem Tod eine SMS an alle Freunde und Verwandte mit folgendem Text: „Meine Frau ist heute ins Licht gegangen!" Er forderte dazu auf, in heller, fröhlicher Kleidung zur Beisetzung zu erscheinen, denn es gab ja Veras Metamorphose zu feiern, ihren Seelenwechsel in ein noch unbestimmtes, sich aber in einem fortgeschrittenen Zustand der Erleuchtung befindenden Wesens, das heiter auf die bunte Schar in der Friedhofskapelle herabblicken würde. Auf ihren letzten Weg zum Grab habe ich Vera nicht mehr begleitet. Ich bin der Beisetzung ferngeblieben, weil ich die zu erwartende Inszenierung, in der die Verleugnung des Todes ihre perverse Fortsetzung nehmen sollte, nicht hätte ertragen können. Veras Mann, der das fröhliche Treiben auf der Beerdigung von Anfang bis Ende gefilmt hat, sollte mir später als Ersatz für meine Teilnahme ein Video der Veranstaltung anbieten, das er Interessierten auf „Facebook" zugänglich gemacht hatte. Die Sichtung dieses Dokuments habe ich ebenfalls ausgelassen.

Schon damals, kurz nach Veras Tod, hatte ich das Bedürfnis, besser zu verstehen, was einen intelligenten Menschen dazu antreiben kann, der realen Welt so nachhaltig den Rücken zuzuwenden, um sich in einem pastellfarbenen Kosmos der magischen Taschenspielertricks und der infantilen Glücksversprechen einzurichten. Freilich ist es mittlerweile nichts Ungewöhnliches mehr, dass selbst aufgeklärte Zeitgenossen auf der Suche nach einer

sinnstiftenden Ersatzreligion dem Sirenengesang selbst-
ernannter „spiritueller Führer" folgen, denn die Esoterik
ist in ihren mannigfaltigen Ausprägungen mittlerweile
in allen Gesellschaftsschichten verbreitet und Teil unserer Alltagskultur geworden. Etliche Bücher widmen sich
inzwischen diesem Phänomen, von denen sich im Zuge
meiner Recherchen ein beträchtlicher Teil auf meinem
Schreibtisch angesammelt hatte. Die meisten Autoren geben einen Überblick über die Geschichte der (modernen)
Esoterik, deren Beginn sie im späten 19. Jahrhundert mit
der Gründung der „Theosophischen Gesellschaft" durch
die Russin Helena Petrowna Blavatsky (1831–1891) ver-
orten. Blavatsky, die viele Reisen in Europa und nach
Asien unternahm und schließlich in die USA gelangte,
interessierte sich für Spiritismus, fernöstliche Religionen,
heidnische Mythologien und okkulte Praktiken. Aus den
entsprechenden Versatzstücken entwickelte sie eine eigene, krude Rassentheorie, aus der später die National-
sozialisten (allen voran Heinrich Himmler) ihr völkisch-
ideologisches Kapital schlagen sollten.[38] Mit Blavatskys
synkretistischer „Geheimlehre" hielten auch der Glaube
an die Wiedergeburt und an das „Karma" als ein Moment der Schicksalsbestimmtheit Einzug in die Esoterik.
So war einer ihrer prominentesten Schüler Rudolf Stei-
ner, der nach einem Dissens mit den Theosophen 1913
eine eigene „Anthroposophische Gesellschaft" gründete,
die sowohl am Reinkarnationsglauben als auch an der
„Wurzelrassenlehre" Blavatskys in modifizierter Form
festhielt.[39] Steiners Nähe zu antisemitischem und völki-
schem Gedankengut ist hinreichend dokumentiert.[40] Bekannte Protagonisten, wie der 1939 in Wien geborene

Vordenker des „New Age", Fritjof Capra, tauchen in der Literatur über Esoterik ebenso auf wie der umstrittene Familienaufsteller Bert Hellinger oder der selbsternannte Krebsspezialist Ryke Geerd Hamer. Auch der spirituelle Ökofeminismus darf dabei nicht fehlen, deren populärste Vertreterin Clarissa Pinkola Estés ist, die mit ihrem Bestseller „Die Wolfsfrau" an die vermeintliche „Kraft der weiblichen Urinstinkte" anzuknüpfen vorgibt und dabei alte weibliche Rollenklischees in neuem Gewand verkauft. Daneben werden eine ganze Flut von Psychosekten, Wunderheilern und esoterischer Ideologen erwähnt, die alle eines gemeinsam haben: Sie sind eklektizistisch, autoritär, implizit frauendiskriminierend und nicht selten antisemitisch und/oder rassistisch. Und sie sind in höchstem Maße geschäftstüchtig! Die Umsätze in der Esoterikbranche in Deutschland betrugen 2011 geschätzte 25 Milliarden Euro. Der Betrag lag knapp unter den Einnahmen, die durch Pornografie im Internet lukriert worden sind, nämlich 30 Milliarden Euro.[41] Die zahlreichen Esoterikmessen, die mittlerweile allerorten veranstaltet werden, sowie die enorme Verbreitung verschiedenster okkulter Konsumartikel über das Internet (Engelsspray, Pendel, Aura-Soma-Öle, diverse Apparaturen und esoterische Literatur, Fernheilungs- und Beratungsangebote), bergen ein beachtliches Gewinnpotenzial; ganz zu schweigen von den ebenfalls unzähligen sogenannten „Ausbildungen", die im Netz angeboten werden.[42] So wird beispielsweise ein „dreimonatiges Fernstudium zur medialen Engelberaterin" für stattliche 750 Euro beworben.[43] Aber vor allem im Bereich der „alternativen" Behandlung von Krankheiten (auch psychischer Beschwerden) boomt der Markt. Welche fatalen, zum Teil sogar tödlichen Auswirkungen die esoterische Kurpfuscherei haben kann, ist inzwischen ebenfalls gut dokumentiert,[44] auch wenn diese Erkenntnisse auf die Betroffenen zumeist wenig Einfluss haben. Das Wort „Schulmedizin" kommt in esoterischen Kreisen einer Kampfansage gleich und ist das wichtigste Requisit eines Aberglaubens mittelalterlicher Prägung. Als besonders abstoßend sind in diesem Zusammenhang die selbsternannten Krebsheiler zu erwähnen, die sich auf dem Hintergrund ihrer narzisstischen Disposition über alle gesicherten medizinischen Erkenntnisse hinwegsetzen und teilweise absurde Behandlungsmethoden anbieten, denen sich ihre verzweifelten, schwer kranken Anhänger für viel Geld kritiklos unterwerfen müssen, um das Wohlwollen der vermeintlichen Lebensretter nicht zu verlieren.[45] Je größer die psychische und/oder physische Not ist, umso bereitwilliger akzeptieren Menschen fragwürdige Praktiken und Rituale. Dem Internet kommt dabei eine immens wichtige Rolle zu, denn es hält für jeden Suchenden eine Fülle von Antworten auf nahezu alle Lebensfragen bereit. Der Sinn- und Wahrheitsgehalt dieser Lösungen aus dem Netz ist oft schwer bis gar nicht nachprüfbar, dennoch verbreitet sich nach dem Schneeballprinzip jede Heilsbotschaft mit unglaublicher Rasanz. Die esoterischen Angebote wuchern auf den Datenstraßen wie eine virtuelle Algenpest. Bereits seit Beginn der Aufklärung standen technischer Fortschritt und magisches Denken in einem dialektischen Verhältnis zueinander, wie Sabine Doering-Manteuffel in ihrer Studie über den „Okkultismus im Medienzeitalter" beeindruckend und kenntnisreich dokumentiert hat.

„Okkulte Weltbilder begleiten Wissenschaft und Technik, logisches Denken und rationale Begründungen wie ein Schatten, der sein Dasein aus ihnen bezieht."[46] Und über deren mediale Verbreitung seit der Erfindung des Buchdruckes durch Johannes Gutenberg (um 1450) bis zum World Wide Web resümiert sie: „Der Schatten des Okkulten lässt sich aus dem technisch-publizistischen System nicht mehr löschen. Das Okkulte ist Teil der Informationsgesellschaft und der Unterhaltungsindustrie, partizipiert an globalen Wertschöpfungsverfahren und am digitalen Kapitalismus. Der Teufel müsste ein Narr sein, würde er die Chancen, die ihm das World Wide Web bietet, leichtfertig vergeben."[47]

Wenige Wochen vor ihrem Tod traf ich meine Freundin Vera, die trotz ihrer hoffnungslosen Lage, den schwer erträglichen Schmerzen und dem Umstand, dass sie kaum noch Luft bekam, stets Zuversicht verströmte, in einem Zustand der Verzweiflung an. „Ich habe alles durchsucht, aber ich finde nichts mehr", rief sie mir unter Tränen entgegen, als ich ihr Zimmer betrat. Wie versteinert saß sie vor ihrem Laptop, auf dessen Bildschirmschoner sich Familienfotos aus glücklichen Tagen abwechselten. Als ich besorgt nachfragte, was denn Schreckliches passiert sei, erfuhr ich, dass sie inzwischen alle alternativen Therapievorschläge zur Krebsbehandlung aus dem Internet beherzigt hätte und bei sämtlichen „Krebsheilern" in der näheren Umgebung, die sie trotz ihrer dramatisch schwindenden Kräfte noch aufsuchen konnte, gewesen sei, aber nun im Internet nichts Neues mehr finden würde. Dabei hätte sie doch schon *den ganzen Vormittag* über gesucht!

Ihre Verzweiflung speiste sich nicht etwa aus dem Umstand, dass alle (pseudo-)medizinischen Maßnahmen nichts genützt hatten und der Tod nun unausweichlich näher rückte, sondern aus der Fassungslosigkeit darüber, dass der stetig fließende Strom der Affirmation aus dem Internet am Versiegen war. Es war, als hätte ihr jemand die Leitung ihres Sauerstoffgerätes gekappt. In diesem Moment bekam ich das erste Mal einen Eindruck davon, wie lebenswichtig für Vera die Hinwendung zu esoterischen Konzepten war. Sie versprachen schlichtweg alles: Gesundheit, Sinn, Glück, die Abwesenheit von Leid und Schmerz sowie ein ewiges Leben in immer neuen schillernden Reinkarnationen. Und Vera hatte sich nicht erst während ihrer Krankheit in diese kitschig-illusionäre, von Erzengeln und anderen ätherischen Wesen bevölkerte Welt geflüchtet, sondern bereits viele, von diversen Konflikten überschattete Jahre vorher damit begonnen. Ich will versuchen, diese Entwicklung nachzuzeichnen, um exemplarisch sichtbar zu machen, welchen Bedingungen es geschuldet ist, dass sich Menschen (vor allem Frauen) in die Fänge falscher Propheten begeben.

Obwohl Vera in Deutschland ein Studium und eine Berufsausbildung absolviert hatte, war es nicht leicht für sie, sich in Österreich beruflich zu verankern. Auch ihre private Situation war alles andere als einfach. Sie hatte aus erster Ehe eine kleine Tochter mitgebracht, die sich mit dem neuen österreichischen Freund nicht verstand und sich nur schwer einlebte. Freund und Tochter rivalisierten um Veras Gunst, und immer wieder kam es dabei zu heftigen Konflikten, die sich jedem Lösungsversuch widersetzten. Das mag auch ein Grund dafür gewesen sein, dass Vera den Wunsch ihres jüngeren Partners erfüllte und mit 40 noch einmal ein Baby bekam. *Sein* Baby! Wieder war es ein Mädchen. Man zog aufs Land, denn dort waren die Mieten günstiger. Ihren Arbeitsplatz in der Stadt musste Vera aufgeben, denn mit *zwei* Kindern in der Peripherie lebend war sie beruflich nicht mehr flexibel. Trotz aller Bemühungen, ein neues Familienglück zu installieren, verschärften sich die häuslichen Konflikte. Schließlich hielt Veras erste Tochter die Situation nicht mehr aus und äußerte den Wunsch, sich von der Mutter und deren neuer Familie zu trennen und zurück zum Vater nach Deutschland zu ziehen. Es war für alle Beteiligten eine schreckliche Zerreißprobe. Und als ob die Lage nicht schon verfahren genug gewesen wäre, stellte meine Freundin auch noch fest, dass ihr neuer Lebenspartner mit einer Arbeitskollegin fremdging. Für mich als Freundin, aber auch als jemand, der beruflich mit Menschen in Konfliktsituationen zu tun hat, lagen Veras Optionen auf der Hand. Entweder sie entschied sich dazu, mit Hilfe einer professionellen Beratung eine konstruktive Lösung für sich und ihre Familie zu finden, oder sie müsste sich wieder auf eigene Füße stellen. Ich bot ihr an, ihr sowohl Adressen von kompetenten Kollegen zu nennen, als auch sie und ihre Kinder dabei zu unterstützen, eine günstige Wohnung in der Stadt zu finden, falls sie sich für eine Trennung entscheiden sollte. Was dann jedoch passierte, hätte ich nicht für möglich gehalten.

Dass in ihrem Familienleben fundamental etwas nicht stimmte, war nicht nur für Vera spürbar. Auch ich empfand die Atmosphäre in der ungemütlich gefliesten Einliegerwohnung eines abgelegenen Bauernhauses, das nicht gerade eine Zierde seiner Art war, als bedrückend. Vera hatte sich zwar darum bemüht, ihre neue Umgebung mittels „Feng Shui" und schwedisch-asiatischem Einrichtungschic ästhetisch aufzuwerten, aber es blieb bei einem wenig überzeugenden Versuch, der noch dazu mit einem Wohnzimmerregal voller „Rambo"-DVDs kontrastierte. Ihr Freund, der Außenstehenden gegenüber gerne eine untadelig geschäftsmäßige Freundlichkeit an den Tag legte, hatte ein ausgeprägtes Faible für Gewaltfilme und fernöstliche Kampfsportarten. Mir kam vor, dass Vera sich in eine Sackgasse manövriert hatte, aus der sie dringend einen Ausweg finden musste. Als ich dies vorsichtig ansprach, stimmte mir meine Freundin zwar grundsätzlich zu, erklärte mir aber, dass sie die tatsächlichen Gründe für ihre Misere bereits herausgefunden hätte: Unweit des Bauernhauses verliefe nämlich eine Starkstromleitung! Sie sei davon überzeugt, dass die Strahlen, die von dort ausgingen, einen schädlichen Einfluss auf die Familienharmonie ausüben würden. Darüber hinaus hätte sie auf Empfehlung einer Bekannten eine Frau aufgesucht, die außergewöhnliche Fähigkeiten als Medium besäße. Diese bestätigte ebenfalls, dass Veras Probleme strahleninduziert seien. Außerdem erfuhr meine Freundin von ihrer neuen Beraterin, dass ihre momentan schwierige Lebenssituation vorherbestimmt sei, sie aber mental, unter Zuhilfenahme bestimmter esoterischer Techniken trotzdem darauf Einfluss nehmen könne. Diese Techniken könne sie bei der Behandlerin erlernen; natürlich gegen ein entsprechendes Entgelt, welches ungefähr fünfmal so hoch war wie eine Therapie- oder Beratungssitzung bei einem niedergelassenen klinischen Psychologen mit Krankenkassenzulassung. Ich versuchte Vera davon zu überzeugen, dass sie gerade im Begriff war, einer Betrügerin aufzusitzen, erreichte sie aber nicht mehr. Vielmehr wurde ich plötzlich als jemand empfunden, der störte. Nicht der untreue Lebensgefährte, sondern ich musste das Spielfeld verlassen, was ich auch tat. Ich fühlte mich wie einer der oft zitierten Überbringer schlechter Nachrichten in der Antike, denen man den Kopf abschlug, wenn sie nichts Positives zu vermelden hatten.

Veras prekäre Situation scheint mir typisch für das Schicksal vieler Frauen. Die Mieten in touristisch attraktiven Städten sind für Familien mit geringem Einkommen und mehreren Kindern oft nicht bezahlbar. Sie sind daher gezwungen, ihren Lebensmittelpunkt aufzugeben und in – nicht selten triste – Vororte auszuweichen. Diese Randlage erschwert wiederum eine Rückkehr in den Beruf, denn die Wege, die zurückgelegt werden müssen, sind hinsichtlich der dafür benötigten Zeit nicht mit den Öffnungszeiten der Kinderbetreuungseinrichtungen, so es sie überhaupt gibt, kompatibel. Viele Frauen, die vorher in erfüllenden Berufen ihr eigenes Geld verdient haben, bleiben unter solchen Bedingungen mehr oder weniger ungewollt zuhause. „Zumindest solange die Kinder noch klein sind", heißt es meistens, aber oft ist es anschließend nicht mehr möglich, eine Beschäftigung auf demselben Niveau wie vor der Familiengründung zu finden. Die finanzielle sowie die das Zeitmanagement betreffende Abhängigkeit von den alleinverdienenden Ehemännern löst im Allgemeinen Unzufriedenheit aus, die jede Menge Konfliktstoff

birgt. Dass solchermaßen unter Druck stehende Familien-
väter zuweilen Nebenbeziehungen mit Frauen eingehen,
die unbeschwert und kinderlos sind, ist bei weitem kein
Klischee, sondern kommt häufig vor. Für die Ehefrauen
gibt es wenig Spielraum, wobei der Wunsch nach Autonomie bei den Betroffenen verständlicherweise eine große
Rolle spielt. Und hier greifen in vielen Fällen die esoterischen Angebote mit ihrer bereits erwähnten Vielfalt an
„Ausbildungen". Man braucht dafür weder Schulab-
schluss noch Bewerbung und muss – zum Beispiel für das
oben zitierte „dreimonatige Fernstudium zur medialen
Engelberaterin" – noch nicht einmal das Haus verlassen.
Es scheint für jede Interessentin etwas dabei zu sein, und
wenn nicht, kann sie sich mit Fantasie und ein wenig
Geschick ihr individuelles Berufsprofil zusammenstellen,
um dann im Internet damit zu werben. Der esoterische
Baukasten, dessen mannigfaltige Bestandteile mit einem
Mausklick aus dem Netz abrufbar sind, ermöglicht es jedem, seine persönlichen Präferenzen (und Defizite) zum
Maß aller Dinge zu erheben. Die wenigen Männer, die
sich in diesem Tätigkeitsbereich profilieren, inszenieren
sich eher selten als Berater, sondern treten gleich einmal
als „Großmeister", „Gurus" oder als ähnliche autoritäre Instanzen auf, womit sie das reale gesellschaftliche
Gefälle zwischen den Geschlechtern abbilden.

Auch Vera hatte die Entscheidung getroffen, sich auf
dem Markt der okkulten Dienstleistungen umzuschauen.
Sie wollte sich auf gar keinen Fall damit auseinanderset-
zen, dass sie sich in einer finanziell und emotional abhängigen Situation befand und vielleicht einen illusionä-

ren Lebensentwurf würde revidieren müssen. Vielmehr trat sie die Flucht nach vorne an und ließ sich von ihrem neuen „Medium" mit allerlei magischen Kompetenzen ausstatten, die vor allem einem Zweck dienten: sich nicht mehr ausgeliefert, sondern mächtig fühlen zu können. Beispielsweise glaubte sie sich im Besitz besonderer Wahrnehmungsfähigkeiten, die sich auf die „Aura" einer Person bezogen. Selbige sei farbig und würde ihr, Vera, Aufschlüsse über den jeweiligen Träger ermöglichen. Sie könne etwas über ihr Gegenüber in Erfahrung bringen, das der betreffenden Person selber nicht zugänglich sei. Hier findet sich ein konstituierendes Motiv, das quasi alle esoterischen Praktiken kennzeichnet. Deren Anhänger fühlen sich als Auserwählte, als mächtige und elitäre Besitzer von Geheimwissen, die sich herausheben aus der uniformen Masse. Gerade in Anbetracht des Betruges durch den Lebensgefährten muss es für Vera eine verlockende Vorstellung gewesen sein, Verborgenes sehen zu können bzw. als jemand zu erscheinen, der diese Fähigkeit besitzt. Fühlte sie sich vorher belogen und ausgemustert, erfuhr sie nun durch ihre neue Bekanntschaft eine ungeahnte narzisstische Aufwertung. Dieser allerdings teuer erkaufte Höhenflug war wesentlich attraktiver als die bittere Pille der Erkenntnis, die sie vermutlich hätte schlucken müssen, wäre sie stattdessen zu einer seriösen Beratungsstelle gegangen.

Ein weiteres wichtiges Motiv in Veras neuer weltanschaulicher Ausrichtung war das Thema der „Reinigung". Wer schon einmal ein Fachgeschäft oder eine Internetseite für Esoterikbedarf besucht hat, wird die einschlägigen Artikel kennen, die von diversem Räuchermaterial, über

Engel- und Aurasprays, vorgeblich reinigenden Mineralien, „Lichtessenzen" und Ähnlichem mehr reichen. Allen Konzepten, in denen diese läuternden Requisiten eine Rolle spielen, ist gemeinsam, dass sie „Befreiung und Erlösung von beschwerenden Stoffen, Gedanken oder seelischen Belastungen"[48] versprechen, wozu auch die Neutralisierung beängstigender Gefühle wie Hass, Neid oder Eifersucht gehört. Zwischen Vera und ihrem Lebensgefährten, so hatte ich den Eindruck, gab es wenig direkte Auseinandersetzung. Aggressionen wurden vornehmlich auf externen Bühnen ausagiert (Gewaltfilme, exzessiv betriebener Kampfsport) und konnten nicht in adäquater Dosierung in das Beziehungsleben integriert werden. Alles Abstoßende, wozu auch bestimmte sexuelle Aktivitäten zählten, denen Veras Lebensgefährte insgeheim mit seiner Kollegin nachging, musste jetzt einer Säuberung durch Fernheilung unterzogen werden. Es ist sicher kein Zufall, dass Vera, bevor sie sich der Esoterik zuwandte, mit dem Gedanken gespielt hatte, eine chemische Reinigung zu eröffnen. Jetzt hatte sie die Vorstellung von einer blitzsauberen Beziehung, die sie wie ein beschmutztes Kleidungsstück mit scharfen Mitteln wieder in Schuss bringen würde. In keinster Weise fühlte sie sich an den häuslichen Konflikten beteiligt, weder durch ihre Partnerwahl, noch durch ihr Verhalten. Sie musste sich darüber auch keine Gedanken machen, denn nach den neuen esoterischen Richtlinien war ihr Schicksal vorherbestimmt. Und sie war jetzt endlich bei *den Guten* angekommen! Diese Spalt- und Entmischungsprozesse sind konstituierend für den esoterischen Kitsch. Es wird in regressiver Weise ein Zustand der kindlichen Reinheit,

Unschuld oder „Natürlichkeit" angestrebt, während alles Verstörende der Projektion nach außen unterliegt. Anschließend wird zum großen Säubern, Entstören und Ausräuchern angehoben, wobei mitunter viel himmlisches Putzpersonal beteiligt ist.[49] Auch hier steht der Kitsch im Dienste der Externalisierung von Hass.

Wie es meistens der Fall ist, wenn sich Menschen in den Einzugsbereich von Sekten begeben, suchte sich auch Vera einen neuen Freundeskreis, der zur wechselseitigen Affirmation der gerade erworbenen Weltanschauung diente. Durch die gegenseitige Spiegelung und den stetigen, nie versiegenden Strom an Neuigkeiten aus dem Jenseits via Internet bekamen die fantastischen Wirklichkeitsentwürfe einen subjektiven Wahrheitsgehalt. Durch Hyperverlinkung entstand der Eindruck, dass die esoterischen Glaubenssätze tatsächlich real seien.[50] „Eigentümlicherweise nimmt proportional zur Abstrusität der behaupteten übernatürlichen Erscheinungen die Zähigkeit und Unerschütterlichkeit des Glaubens daran zu. Je unlogischer und unglaubwürdiger die paranormale Verkündung, desto bedingungsloser und fragloser wird diese durch die Esoterik-Gemeinde verteidigt."[51] Selbstreferenzielle Gemeinschaftsprojekte dieser Art funktionieren aber nur mittels Installierung von Außenfeinden, wie schon die Esoteriker der ersten Stunde wussten. Insofern war es nur eine Frage der Zeit, bis ich als kritische und ungläubige Freundin nicht mehr tragbar war. Aber auch ich fand Veras Sendungsbewusstsein zunehmend unerträglich und zog mich zurück. Unsere Freundschaft fand ein vorläufiges Ende.

Es sollten mehrere Jahre vergehen, bis Vera und ich uns zufällig in der Stadt über den Weg liefen. Beide freuten wir uns über dieses unverhoffte Wiedersehen und beschlossen, in Erinnerung an alte Zeiten gemeinsam einen Kaffee trinken zu gehen. Dabei erfuhr ich, dass Vera inzwischen ihren Lebensgefährten geheiratet und ein drittes Kind bekommen hatte. Ihre erste Tochter war, wie es sich bereits angekündigt hatte, zu ihrem leiblichen Vater zurückgekehrt. Es hatte noch ein kurzes Beschäftigungsintermezzo bei Veras früherem Arbeitgeber gegeben, das sie jedoch, bedingt durch die Ankunft des dritten Kindes, früher als geplant beenden musste. Eine weitere Neuerung, von der sie mir berichtete, war der Umzug in ein eigenes, auf Kredit erworbenes Reihenhaus, das ebenfalls in einem ländlichen Vorort lag. Sowohl mit dem Bauern, bei denen Vera und ihre Familie vorher gewohnt hatte, als auch mit einigen ihrer Esoterik-Freundinnen hatte es in der Zwischenzeit Konflikte gegeben, die allesamt durch Kontaktabbruch „gelöst" worden waren („Die xxx tut mir nicht mehr gut!"). Vielleicht war das der tiefere Grund für Veras Wiedersehensfreude, mich betreffend. Wie eines dieser alten Poesiealben aus der Schulzeit war ich immer noch nahezu unverändert vorhanden und repräsentierte die Zeit *vor* Veras esoterischer Initiation. Selbstverständlich glaubte sie fest daran, dass unser Treffen „unmöglich ein Zufall" sein konnte, weshalb sie die Freundschaft unbedingt wieder aufleben lassen wollte. Vera schlug vor, in Zukunft einfach alle Themen zu vermeiden, die mit ihrer Hinwendung zum Übersinnlichen zusammenhingen. Mittlerweile war sie noch tiefer in die Materie eingestiegen und hatte eine Ausbildung zur „Geistheilerin" begonnen, der sie mit großer Ernsthaftigkeit nachging und auf dessen Hintergrund sie die Eröffnung einer eigenen Praxis plante – nicht zuletzt, um endlich wieder eigenes Geld zu verdienen. In den vergangenen zwei Jahren hatte sich ihre abhängige Situation noch verschärft. Hinzu kamen massive Schuldgefühle, weil sie es nicht vermocht hatte, die Trennung von ihrer ersten Tochter zu verhindern. Ich vermute, dass die Geburt der dritten Tochter nicht zuletzt diesem Umstand geschuldet war. Vera, mittlerweile schon Mitte 40, schien mit den zwei kleinen Kindern, die noch dazu ständig krank waren, ziemlich überfordert zu sein. Von der sprühenden, attraktiven Frau mit den vielen Verehrern, die in verschiedenen Großstädten gelebt, Tanzsport betrieben und im Ausland studiert hatte, war nicht mehr viel übrig geblieben. Vielleicht hatte sie sich deshalb die ehemalige Journalistin und Esoterik-Unternehmerin Barbara Bessen (geb. 1949) als Mentorin ausgesucht, die als „Channeling-Medium" eine der schillerndsten und geschäftstüchtigsten Schlüsselfiguren im Okkultbusiness ist.[52] Auf Bessens Website findet sich folgender Eintrag über den *Weiblichen Weg*:

[…] Ich persönlich versuche den Weiblichen Weg zu beschreiten und auch anzubieten. Es ist der Weg der göttlichen Mutter und der ist einfach. Man erobert sich selbst. Man taucht in die Tiefe seines Seins, seinem heiligen höheren Herzen und vertraut, dass alles zum richtigen Zeitpunkt zu einem kommt. Man ist voller Hingabe an die eigene Göttlichkeit und ist davon überzeugt, dass sie für uns sorgt. Das höhere Sein wünscht sich nichts

sehnlicher in dieser Zeit, als mit uns zu verschmelzen,
damit wir höhere Welten erkunden können. Wir brau-
chen eigentlich nichts zu tun, außer ganz bei uns zu sein,
uns selbst so anzunehmen wie wir sind und uns lieb zu
haben [...] ich nehme mich gern in den Arm und lausche
KRYONs Worten, die natürlich nicht nur für mich gel-
ten, und die besagen:

Du bist gut so, wie du bist. Es gibt nichts,
was schlecht an dir wäre. Du bist göttlich,
und Gott ist alles. Du bist unendlich geliebt
für deinen Dienst hier auf der Erde!

Was Barbara Bessen hier verspricht, ist die totale Unabhängigkeit von zwischenmenschlichen Beziehungen.
Man ist sich selbst genug und damit unempfindlich gegen
jede Zumutung und jede korrigierende Kritik von außen.
Hat Frau sich mit Hilfe der Kurse, Bücher und CDs des
florierenden Unternehmens „Bessen & Rinow GbR" erst
einmal „selbst erobert", kann sie ihre „eigene Göttlichkeit" (!) installieren, die sie für alle Zukunft nährt und
„lieb hat". Man nimmt sich selber „gern in den Arm",
entdeckt an sich keinerlei Fehler („Es gibt nichts, was
schlecht an dir wäre") und gibt sich schließlich mittels
einer grandiosen spirituellen Masturbation sich selber
hin. Das ist die „Verschmelzung mit dem höheren Sein",
die man sich wohl als eine Art fulminanten Gehirnorgas-
mus vorstellen muss, der ganz ohne Sexualpartner und
damit auch ohne jeden Austausch von Körperflüssig-
keiten auskommt, was wiederum dem schon erwähnten
Reinheits- und Sauberkeitsgebot entspricht. Der Dichter

Oscar Wilde brachte dieses Geschehen etwas prosaischer auf den Punkt, in dem er bereits vor mehr als 100 Jahren feststellte, dass „Eigenliebe der Anfang einer lebenslangen Romanze" sei.

Aber auch die Mutterschaft wird bei Bessen aufgewertet, wenn sie die Frau, die mit einem „heiligen höheren Herzen" ausgestattet ist, auf den Weg der „göttlichen Mutter" schickt und ihr durch Meister Kryon, seines Zeichens „Lichtwesen aus einer höheren Dimension des Universums"[53], ausrichten lässt, dass sie für ihren „Dienst hier auf der Erde unendlich geliebt" sei. Hier werden alle Register des Mutterkitsches gezogen, wobei die Autorin es paradoxerweise fertigbringt, ein Mutterbild zu entwerfen, das gänzlich ohne Kinder auskommt. In dieser narzisstisch-regressiven Lesart ist die Frau „Göttliche Mutter" und Kind in *einer* Person, wobei das Kind von der „Göttlichen Mutter" wie im Schlaraffenland mit allem ohne Ende versorgt wird. Wie prosaisch nehmen sich dagegen die realen Kinder aus, welche die „mütterlichen Dienste" zu Recht als etwas Selbstverständliches betrachten, das nicht permanent mit der krisenanfälligen Währung der „unendlichen Liebe" entlohnt werden muss. Nicht selten wird der mütterliche Einsatz auch noch als unzureichend erlebt.

Besonders Frauen, die ein beschädigtes oder enttäuschendes Leben haben, werden sich zu Barbara Bessens metaphysischer Reparaturwerkstatt hingezogen fühlen. Ihre ich-syntone[54] Verrücktheit ist ein stetiger Quell starker Emotionen, die auf Menschen mit tendenziell depressiver Stimmungslage belebend wirken können.

Was meine Freundin angeht, so litt sie in Anbetracht ihrer häuslichen und mütterlichen Aufgaben zunehmend unter Erschöpfung, vielleicht machte sich auch bereits ihre schwere Krankheit bemerkbar. Der Zuspruch und die Aufwertung, die sie von Frau Bessen in Form der jederzeit abrufbaren Internetauftritte bezog, werden Vera, die ohne Mutter aufgewachsen ist, jedenfalls getröstet haben. Vielleicht dienten sie auch dazu, Sinn zu erzeugen, wo sich jetzt meterhoch der Abwasch und die Windeln türmten; vermutlich auch die Rechnungen, denn das ganze esoterische „Ausbildungsprogramm", dem sie sich seit geraumer Zeit unterzog, kostete sehr viel Geld. Ich wurde dabei den Gedanken nicht los, dass sie ihren Mann (und Alleinverdiener) auf diese Weise für ihre häusliche Unzufriedenheit bestrafte.

Abgesehen davon gönnte sich Vera jetzt wieder den einen oder anderen unbeschwerten Abend mit mir. Es war fast so wie in der Zeit vor der Unterbrechung unserer Freundschaft, wären da nicht die auf den Index gesetzten Themen gewesen, die wir in unseren Unterhaltungen nach Möglichkeit vermieden. Aber es gab noch genug anderen Gesprächsstoff, der uns die Zeit nicht lang werden ließ. Es dauerte nicht lange, da überraschte mich Vera mit der nächsten unerwarteten Neuigkeit: Sie war noch einmal schwanger geworden! Der von ihrem Mann lange erwartete Sohn kündigte sich an. Ich spürte, dass meine Freundin den Strapazen der Schwangerschaft und der Geburt, aber auch ihrer zukünftigen Mehrbelastung als Hausfrau und Mutter mit ambivalenten Gefühlen entgegen sah, die jedoch, kaum dass sie in ihr aufgestiegen waren, heftig abgewehrt werden mussten. Schließlich hatte sie sich inzwischen voll und ganz dem „positiven Denken" verschrieben. Vera löste diesen inneren Konflikt also wiederum der esoterischen Logik folgend und erklärte mir, dass sie sich jetzt die ganze Schwangerschaft über mental auf eine „schmerzfreie und natürliche" Geburt vorbereiten und ein Buch in Form von Protokollen darüber schreiben wolle. Geburtsschmerzen seien eine „Zivilisationskrankheit", denn sie kämen bei indigenen Völkern nicht vor. Selbst Babies in Steißlage könne man durch entsprechende „selbsthypnotische Maßnahmen" dazu veranlassen, sich in die richtige Position zu drehen. Leider hätten wir in Europa diesen Zugang zum „alten Wissen" verloren.

In diesem Vorhaben überkreuzten sich beinahe sämtliche Kitsch-Koordinaten esoterischer Weltanschauungen: Ein „ganzheitlicher" Mensch ist frei von negativen Gefühlen und Schmerzen aller Art. Ist er das nicht, dann hat er die „Verbindung zu sich selbst" verloren, wodurch er sich von den Angehörigen der Naturvölker (vornehmlich aus Afrika und Lateinamerika) unterscheidet; denn alles was „ursprünglich" ist, ist auch GUT und der modernen Zivilisation überlegen. Das ist der philorassistische Kitsch, der in postkolonialer Tradition unterdrückten Völkern Eigenschaften zuschreibt, die ausschließlich mit den eigenen Bedürfnissen und Fantasien korrelieren; nur dass in dieser Spielart nicht mehr alle „Primitiven" dumm, sondern eben „weise" sind. Während die Vertreter der „neuzeitlichen Apparatemedizin" menschenfeindlich, rücksichtslos und brutal agieren und den Patienten unnötige Schmerzen auf dem Hintergrund nutzloser Behandlungen zumuten, regen „sanfte" alternativmedizinische Methoden die „Selbstheilungskräfte" an und sorgen auch in aussichtslosen Fällen („von der Schulmedizin bereits aufgegeben") für ungeahnte Genesungserfolge, die sich bei genauerer Recherche jedoch regelmäßig als Betrug herausstellen.[55] Diese Heilmethoden sind immer „ganz alt", denn „alt" – selbst wenn es sich um längst überkommene medizinhistorische Relikte wie beispielsweise den Aderlass handelt – ist ebenfalls ohne Einschränkung „gut", weshalb sich eine kritische Reflexion der Methoden verbietet. Ungeachtet der unumstößlichen Tatsache, dass jeder Mensch im Laufe seines Lebens durch den fortschreitenden Alterungsprozess anfällig für Erkrankungen und Verschleißerscheinungen seines Körpers wird, an denen er schließlich stirbt, werden im esoterischen Kosmos des Heiler-Kitsches Gesundheit und Schmerzfreiheit als „natürlicher" Zustand dargestellt, zu dem der Körper, einem intrinsischen Impuls folgend, zwangsläufig drängt und zurückfinden will. Man muss ihn nur lassen! Wird man letztlich doch krank oder leidet unter physischen oder psychischen Beschwerden, hat man die spirituelle Selbstoptimierung noch nicht adäquat vollzogen. Der Kranke ist also gewissermaßen selber schuld an seinem Elend. Dahinter steht die Größenfantasie, man könne stärker sein als der Tod. Die Realität ist – man kann es in diesem Zusammenhang nicht oft genug betonen – jedoch eine andere: „Altern ist ein kumulativer zeitabhängiger Prozess, der zu strukturellen und funktionellen Änderungen der Organe führt. Der Funktionsverlust beginnt beim Menschen schon im zweiten Lebensjahrzehnt; hinzu kommt ein quantitativer Verlust. Beim jungen

Menschen bestimmt die Muskulatur die Hälfte des Körpergewichts. Im achten Jahrzehnt sind es nur noch 25 Prozent. Typische Erkrankungen des Alters sind Krebs, Herz- und Gefäßleiden, Verschleiß der Knochen und Gelenke. […] Ab dem 40. bis 50. Lebensjahr nehmen […] Alterserkrankungen exponentiell zu."[56] Die Angst vor der eigenen Hinfälligkeit ist vermutlich immens, wenn diese offensichtlichen Tatsachen so umfassend verleugnet werden müssen und das Misslingen des Plans, Jugend und Gesundheit auf ewig zu bewahren, als individuelles Scheitern verstanden wird.

Der Geburtsvorgang lässt sich auf den ersten Blick leichter kontrollieren als der Verlauf einer Krankheit und wird in esoterischen Zusammenhängen nicht selten zu einer Art kultischen Handlung, einer Initiation stilisiert. Daher eignet er sich besonders gut als Aufhänger für die bereits erwähnten Kitsch-Parameter (ganzheitlich, sanft, heil, natürlich); ein Umstand, der zum Teil seltsame Blüten treibt. Die namentlich nicht genannten Verfasser der Internetseite „Zentrum der Gesundheit"[57], deren pseudowissenschaftlicher Auftritt davon ablenkt, dass es sich eigentlich um einen Webshop handelt, der von einer Firma namens „Neosmart (sic!) Consulting AG" aus Luzern betrieben wird, propagieren beispielsweise die sogenannte „Lotusgeburt":

Bei einer Lotusgeburt wird nach der Geburt die Nabelschnur nicht durchtrennt. Die Plazenta bleibt mit dem Baby verbunden, bis die Nabelschnur von selbst nach drei bis fünf Tagen abfällt. Die Plazenta ist das erste ent-

stehende Organ des Kindes und nicht etwa ein der Mutter zugehöriges Organ. Die Abtrennung der Nabelschnur direkt nach der Geburt kommt daher einer Amputation mit entsprechenden Trennungs- und Phantomschmerzen gleich. Erkennt man die Plazenta jedoch als Teil des Babys an und lässt sie ihm, bis sie sich von selbst löst, befriedigt dies das Urbedürfnis für ungestörte Bindung und unbeeinträchtigter mütterlicher Ernährung. [...]

Doch was geschieht mit der Plazenta nach der Geburt. Normalerweise wird diese entsorgt. Wenn jetzt jedoch das Baby mit der Plazenta verbunden bleibt, muss die Plazenta eine besondere Behandlung erfahren. Die Plazenta lässt man daher zunächst in einem Sieb austropfen und wickelt sie anschliessend in ein weiches Tuch ein. Nach 24 Stunden wird die Plazenta mit Meersalz dick eingesalzen und kann zusätzlich mit Aroma- oder Kräuterölen eingerieben werden. Nach einer Stunde wird das Salz mit einem trockenen Tuch wieder abgerieben, die Plazenta wird wieder in Tücher gewickelt und in eine speziell dafür genähte Tasche eingepackt. Die Tücher um die Plazenta werden täglich erneuert. Die Nabelschnur trocknet immer weiter aus, bis sie schliesslich abfällt. Es ist nur darauf zu achten, dass die Plazenta immer auf dem gleichen Niveau wie das Baby getragen wird. So findet eine volle Transfusion des Blutes, der Nährstoffe und der Hormone statt. [...][58]

Einmal abgesehen davon, dass es sich bei der Plazenta *nicht*, wie in dem Text fälschlicherweise behauptet, ausschließlich um ein Organ des Kindes handelt, sondern die Plazenta sowohl aus einem mütterlichen/maternalen

(Decidua basalis), als auch aus einem kindlichen/fötalen Teil (Chorion frondosum) besteht, ist es vermessen und ebenfalls falsch, die gängige postnatale Durchtrennung der Nabelschnur als „Amputation mit den entsprechenden Trennungs- und Phantomschmerzen" zu bezeichnen. Vielmehr verleugnen die Autoren des oben zitierten Textes den Umstand, dass jede Geburt eine Trennung ist, ja dass bereits die Plazenta selbst eine Schranke zwischen Mutter und Kind darstellt, durch die zwar ein Stoffaustausch stattfindet, die aber auch als selektiver Filter den Organismus der Mutter von dem des Kindes trennt. Ähnlich wie in den schon erwähnten esoterischen Publikationen die oral-regressiven Wünsche ihrer Konsumenten nach vermeintlich ungetrübten paradiesischen Urzuständen auf indigene Völker und „alte Kulturen" projiziert werden, unterstellt man hier den Babies, dass sie zum Zwecke ihrer psychischen und physischen Gesundheit über das Ende der Schwangerschaft hinaus mit ihren hyperprotektiven Müttern fusioniert bleiben möchten. Es wird zudem der Illusion Vorschub geleistet, dass es tatsächlich so etwas wie „ungestörte Bindungen" geben könnte. Diese existieren jedoch nur in den Erzeugnissen der Kitschindustrie, deren Hauptanliegen es ist, alles zu verleugnen, was in irgendeiner Weise als Harmoniestörung empfunden werden könnte. Für eine gelingende Entwicklung des Kindes zu einem selbstständigen Erwachsenen ist die sukzessive Loslösung von den Eltern, die niemals gänzlich konfliktfrei vonstatten gehen kann, jedoch unabdingbar. Und diese Loslösung beginnt bereits mit dem Ereignis der Geburt, das vielleicht mehr oder weniger entspannt oder unkompliziert, aber niemals völlig schmerzfrei verlaufen wird – weder physisch, noch psychisch. Daran ändert auch eine handgenähte, mit Lavendelöl parfümierte Tasche für eine in Meersalz gepökelte Plazenta nichts.

Ich weiß nicht, ob meine Freundin Vera ebenfalls mit dem Gedanken an eine Lotusgeburt gespielt hatte, als sie im Internet mit ihren Recherchen begann. Auf jeden Fall war sie wie besessen von dem Vorsatz, schmerzfrei zu gebären. In dieser Zeit schickte sie mir eine Postkarte mit dem Aufdruck: „Wenn dir das Leben Zitronen gibt, mach Limonade draus!" Vera fehlten die beruflichen Herausforderungen, so bereitete sie sich auf die Geburt ihres vierten Kindes vor, als müsse sie eine spirituelle Höchstleistung vollbringen, die ihr dann, in Buchform gebracht, endlich die ersehnte öffentliche Anerkennung bescheren würde. Außerdem hatten ihre Bemühungen vermutlich die Funktion, Angst vor Schmerzen abzuwehren. Aber schließlich kam alles ganz anders als geplant. Ihr Baby hatte eine Steißlage. Es wollte sich bis zum Schluss nicht in die richtige Position drehen lassen und musste daher per Kaiserschnitt auf die Welt gebracht werden. Es gab für Vera zwar keine Zitronenlimonade, dafür aber eine Peridualanästhesie (ironischerweise also doch noch eine „schmerzfreie Geburt" – wenn auch anders als geplant) und einen gesunden Sohn, dem alle Herzen zuflogen, weil er so ansteckend fröhlich war. Man hatte nicht den Eindruck, dass er unter der Trennung von seiner Plazenta litt.

Auch wenn sich Vera über ihr viertes Kind freute, war sie doch sehr erschöpft angesichts der neuen Herausforderungen. Hinzu kamen gravierende Probleme mit einem Nachbarn, die in einem Gerichtsprozess kulminierten, weshalb sich die Familie entschloss, das gerade erst bezogene Eigenheim wieder zu verkaufen und woanders hinzuziehen. Der neue Wohnort (ebenfalls in der Peripherie), lag weit entfernt von der alten Umgebung, sodass sich Mutter und Kinder komplett neu orientieren mussten. Die beiden älteren Kinder brachten, wie das in diesem Alter immer wieder vorkommt, jede Woche eine neue Infektionskrankheit aus dem Kindergarten mit nach Hause, mit der sie erst ihren kleinen Bruder und dann Vera ansteckten. Für das jüngste Kind war es schwierig, einen Betreuungsplatz zu finden. Aber Vera war ein Organisationstalent, und so meisterte sie auch diese Schwierigkeiten, bis man schließlich einen Knoten in ihrer Brust entdeckte.

Niemand kann beurteilen, ob Vera die Krankheit überlebt hätte, wenn sie anders damit umgegangen wäre. Es ist jedoch eine Tatsache, dass sie zumindest am Anfang nicht realisierte, dass die Zeit gegen sie arbeitete. Anstatt sich gleich operieren zu lassen, trat sie erst noch einen lange geplanten Familienurlaub an, der den Eingriff um ein paar Monate verzögerte. Die Ärzte rieten ihr dringend, sich unmittelbar nach der vollständigen Entfernung des Tumors zur Sicherheit einer Chemotherapie zu unterziehen, was sie jedoch verweigerte. Erst, als zu einem späteren Zeitpunkt überall in ihrem Körper Metastasen entdeckt worden waren, deren Auswirkungen sie vorher mit Hilfe eines Homöopathen über einen langen Zeitraum hinweg vergeblich versucht hatte, in den Griff zu bekommen, entschloss sie sich zur Chemotherapie, aber da war es bereits zu spät. Der Homöopath hatte, mit Veras schweigender Zustimmung, ihre eigentlich alarmierenden Beschwerden über Monate hinweg als Magen-Darm-Verstimmung bagatellisiert und wirkungslose Globuli verordnet, anstatt Vera, deren Vorgeschichte ihm bekannt war, sofort zurück ins Krankenhaus zu schicken. Als letzte Möglichkeit, ihr Leben zumindest um einen gewissen Zeitraum zur verlängern, schlugen die Ärzte ihr eine neue Gentherapie vor, aber auch diese lehnte Vera ab. Sie hatte, ohne wirklich verstanden zu haben, worum es bei der Therapie ging, die irrationale Angst, man wolle ihr „Erbgut manipulieren" und damit aus ihr „einen anderen Menschen machen". Die im Kontakt mit obskuren esoterischen Kreisen jahrelang gepflegten paranoiden Vorurteile gegenüber etablierten Ärzten und Therapeuten hatten es ihr immer wieder verunmöglicht, medizinische Hilfe anzunehmen. Erst als nur noch palliative Maßnahmen zur Schmerzbekämpfung das Gebot der Stunde waren, wandte Vera sich endgültig von den alternativen Behandlern ab und verbrachte ihre letzten Lebenswochen im Krankenhaus, wo sie fachkundig und mit aufmerksamer Hilfsbereitschaft des Pflegepersonals 24 Stunden am Tag bis zu ihrem Tod bestens betreut wurde.

Nun ist es durchaus nachvollziehbar, dass Vera Angst vor einer Behandlung hatte, die für ihre extrem belastenden Nebenwirkungen berüchtigt ist. Wem wäre es an ihrer Stelle nicht so gegangen? Fatal war, wie schon gesagt, dass sie sich in dieser Situation nicht auf den Rat der Ärzte verließ. Vielmehr wandte sie sich wiederum an die ihr bereits bekannten esoterischen „Heiler", die unbeirrbar das Mantra der „bösen Schulmedizin" anstimmten. Von diesen erfuhr sie, dass der Tumor in ihrer Brust ein „verkapselter Konflikt" sei und noch aus der Zeit stammte, in der sie von ihrem damaligen Lebensgefährten betrogen worden war. Ihr Körper hätte psychosomatisch auf diesen Vertrauensbruch reagiert, womit auch gleich die Schuldfrage geklärt war. Jetzt galt es nur noch, dem untreuen Ehemann (man hatte, wie schon erwähnt, inzwischen geheiratet) zu „verzeihen", die Liebe mit einem zweiten, diesmal *schamanistischen* Hochzeitsritual zu bestärken, dann wäre der Bann gebrochen und der Krebs hätte seine Funktion erfüllt. Daran glaubte Vera so fest, dass sie alle Warnsignale nach der ersten Operation überhörte.

Veras Sicht auf ihre Krankheit war, wie schon erwähnt, nicht zuletzt das Ergebnis ausgiebiger Recherchen im Internet. Dort musste sie, auf der Suche nach alternativen Behandlungsmethoden, zwangsläufig auf die Protagonisten der „Germanischen Neuen Medizin"[59] und deren Epigonen stoßen. Es sind dies im weitesten Sinne die Anhänger des deutschen Arztes Ryke Geerd Hamer, dem man bereits 1986 die Approbation entzogen hatte, nachdem er mit unwissenschaftlichen Methoden und abseitigen Theorien zur Krankheitsentwicklung seinen Patienten schwere gesundheitliche Schäden (in vielen Fällen mit Todesfolge) zugefügt hatte. Einer breiteren Öffentlichkeit wurde er 1995 durch den Fall „Olivia Pilhar" bekannt. Das sechsjährige Mädchen aus Österreich litt an einem bösartigen, mehrere Kilo schweren Nierentumor, der durch eine Operation und Chemotherapie gute Heilungschancen hatte. Die Eltern verweigerten jedoch die Behandlung und setzten sich mit ihrer Tochter nach Spanien ab, um sich unter die Obhut Hamers zu begeben. Nach zähem Ringen mit den Behörden und begleitet von einem gewaltigen Medienecho konnten die Eltern schließlich dazu überredet werden, nach Österreich zurückzukehren. Man entzog ihnen das Sorgerecht und veranlasste die für Olivia lebensrettende schulmedizinische Behandlung. Das Mädchen wurde wieder vollkommen gesund, auch wenn ihr Vater bis heute ein glühender Anhänger der „Germanischen Neuen Medizin" ist, die er nicht müde wird, in Vorträgen, Seminaren, aber vor allem *online* zu propagieren. Auch Hamer selber betreibt eine Website, auf der er nach wie vor seine Dienste anbieten kann, ohne dass ihn jemand daran hindert. Nach diversen Verurteilungen und Gefängnisaufenthalten in Deutschland und Frankreich hatte sich der selbsternannte Krebsheiler, gegen den in Österreich nach wie vor ein Haftbefehl vorliegt, auf der Flucht vor dem Gesetz in Norwegen niedergelassen, von wo aus er bis heute unverdrossen und mittlerweile über achtzigjährig das Internet bespielt, wobei seine Auslassungen immer offensichtlicher alle Kriterien des Wahnsinns erfüllen.[60] Seiner Auffassung nach liegt jeder Krankheit ein „biologischer Konflikt", ein seelisches Trauma zugrunde. Krebserkrankungen, von denen er behauptet, dass es sie gar nicht gäbe, seien in Wirklichkeit „sinnvolle biologische Sonderprogramme", die in Erscheinung träten, damit das Konflikterlebnis aufgelöst werden könne, wozu er das Verfahren der „Konfliktolyse" entwickelt hätte. Diese würde wiederum zu einer „natürlichen Heilung" führen, die gänzlich ohne belastende Therapien auskäme. Er, Hamer, hätte bahnbrechende medizinische Entdeckungen gemacht, die jedoch von der „jüdischen Schulmedizin" unterdrückt würden. Es folgen antisemitische Verschwörungstheorien der schlimmsten Sorte, die dem ehemaligen Arzt besonders in der rechtsextremen Szene zu beachtlicher Popularität verholfen haben. „Artikel von und über Hamer werden des Öfteren in der esoterischen Gazette *Zeiten-Schrift* publiziert, in der virulent antisemitische und nicht selten Nazi-Apologetik betreibende Artikel Konjunktur haben. Zeitweise (2004) betrieb die NPD im Internet Werbung für die Hamer-Truppe."[61] Daran wird deutlich, dass Hamer und seine Anhänger in erster Linie Propaganda betreiben und in ihrer perversen Ideologie, deren Zweck es ist, Macht und Kontrolle zu akkumulieren, buchstäblich über Leichen gehen.

Michael Spöttel, der sich eingehend mit populären pseudomedizinischen Krebsbehandlungen befasst hat, stellt fest, dass „viele der Anhänger Hamers, die tatsächlich erkrankt waren, […] die Hoffnungen, die sie in die Konfliktolyse gesetzt haben, mit dem Leben bezahlten". Er zitiert in diesem Zusammenhang aus einem Spiegel-Artikel, in dem einige Fälle aufgelistet worden sind: „Einem an Knochenkrebs erkrankten Jungen empfahl Hamer 1995 als Therapie eine Reise nach Spanien; vier Monate später war das Kind tot. Einer 59 Jahre alten krebskranken Frau riet er, sich zu entscheiden: ‚Trennen Sie sich oder ziehen Sie mit Ihrem Freund zusammen, dann werden Sie gesund'; auch sie starb. Den Angehörigen eines 29-jährigen Kölners, der schon im Koma lag, soll er abgeraten haben, den Notarzt zu holen. Der Mann starb noch am selben Tag. In den Monaten zuvor, so die Staatsanwaltschaft, habe er empfohlen, der Mann solle keine Medikamente mehr nehmen: ‚Deine Leukämie verschwindet, wenn Du die Konflikte mit Deiner Freundin löst.'"[62] Zahlreiche weitere Fälle seien belegt, so Spöttel. Auch Behandlungen mit Opiaten, die angeblich die „natürliche Heilung unterbrechen", lehnt Hamer kategorisch ab, weshalb insbesondere seine Krebspatienten unter unermesslichen Schmerzen leiden. Gehen sie in ihrer Verzweiflung dann doch (meistens nur noch zum Sterben) in ein Krankenhaus, macht er zynischerweise die Schulmedizin bzw. die Patienten selber für ihren Tod verantwortlich, der ja vermeidbar gewesen wäre, hätten sie sich nur an Hamers Anweisungen gehalten.

Auf dem Gebiet der esoterischen Erlöser ist Hamer vermutlich der bizarrste Verkünder der banalen Lebensweisheit, dass seelischer Schmerz krank machen kann. Er gibt sich hochwissenschaftlich und auf eine autoritäre Weise unfehlbar, die ihn, trotz der Tatsache, dass er erwiesenermaßen ein Hochstapler ist, auf bestimmte Menschen eine große Strahlkraft ausübt. „Ihren Protagonisten imponiert die *Neue Medizin* durch ihre scheinbare Ganzheitlichkeit und Logik. Freilich ist dies das Resultat von Zirkelschlüssen auf der Basis eines naiven Analogsystems, das Hamer ohne jede empirische Grundlage erfunden hat [...] Hamers groteske Systematik wirkt plausibel und ist gegen jede Kritik immun."[63] Letzteres trifft auf die meisten populären Veröffentlichungen zu, die sich vergleichbarer holzschnittartiger Formeln bedienen.[64] Sie laufen schlussendlich alle auf dieselbe Diagnose hinaus: „Wer krank wird, ist selber schuld!" Und von da ist es nicht mehr weit zu: „Wer seine Krankheit nicht in den Griff kriegt, ist schwach und lebensunwert." Es nimmt also nicht wunder, dass die Nazis – damals wie heute – eine Affinität zu bestimmten esoterischen Zirkeln haben, und – umgekehrt – unter dem narkotisierenden Schleier kitschig-süßlicher Heile-Welt-Rethorik Paranoia und Vernichtungsfantasien gedeihen.

Ich fragte mich damals oft, wie es Veras Mann wohl damit gehen musste, dass seine Frau ihn als den Verursacher ihrer tödlichen Krankheit identifiziert hatte? Und das auch freimütig jedem erzählte, der sich nach ihrem Befinden erkundigte. Sein Seitensprung und die daraus resultierende Enttäuschung Veras waren ja, in der Lesart Hamers, der „biologische Konflikt", der sich schließlich in einem extrem bösartigen Mammakarzinom manifestieren sollte. Wie konnte er diese geballte Aggression, diesen impliziten Mordvorwurf nur aushalten? Warum nahm er es hin, dass damit *er allein* für die fortgesetzten Beziehungsprobleme verantwortlich gemacht wurde? Die Antwort ließ nicht lange auf sich warten, denn die langjährig eingeübte Vermeidung von Konflikten wurde auch in dieser Situation auf bewährte Weise fortgeschrieben. Veras Mann verwandelte sich von einem vergnügungsaffinen Fremdgeher in den ergebenen Schüler eines angesagten buddhistischen Gurus mit europäischen Wurzeln, der vor allem zahlungswillige Führungskräfte aus der Industrie mit schlichten Einsichten von ihren komplexen Problemen ablenkte. Dazu gab es viel hochpreisigen grünen Tee. Mit diesem Guru, den er eher zufällig kennengelernt hatte, verband er sich auf eine geradezu osmotische, später auch geschäftliche Weise, sodass bald nur noch ein mildes Lächeln seine Mundwinkel umspielte und er alle Zumutungen, die Veras Krankheit für ihn und die Familie bereit hielten, an sich abperlen ließ, wie eine fernöstliche Buddha-Figur den unvermeidlichen Monsunregen. Zumindest nach außen. Daneben betrieb er (als Ventil?) weiterhin Kampfsport auf hohem Niveau. Vera war jetzt wieder sehr stolz auf ihren Mann, der quasi in den spirituellen Adelsstand erhoben worden war, womit – so empfand sie das – auch eine Aufwertung ihrer Beziehung einherging. Es wurde also langsam Zeit, ihm zu verzeihen!

Das Thema „Verzeihen" ist aus dem Kanon der esoterischen Binsenweisheiten nicht wegzudenken und korrespondiert, wie schon beschrieben, mit der Umwandlung von Gefühlen der Ohnmacht, der Wut oder der Schuld in einen Modus der selbstgerechten, moralisierenden Hybris. Es wird, der bitteren Realität zum Trotz, eine pseudospirituelle Position der Überlegenheit eingenommen. Man gibt sich milde, nachsichtig und „achtsam" und setzt damit sein Gegenüber ins Unrecht. Diese Form der Aggression (ich nenne das „Achtsamkeitskitsch") ist besonders perfide, weil der Aggressor durch seine vorgeblich grenzenlose Güte nahezu unangreifbar wird, während seinem Gegenüber die undankbare Aufgabe zufällt, als alleiniges Gefäß für die *beiderseitige* Wut zu dienen.[65] Der Hass wird abgespalten, ausgelagert und dazu benutzt, eine moralisch induzierte Asymmetrie in der Beziehung zu zementieren, anstatt sich mit den eigenen hässlichen bzw. ambivalenten Gefühlen oder Verhaltensweisen auseinanderzusetzen; mit seiner *eigenen Beteiligung* an Konflikten. Mit echtem „Verzeihen" hat das wenig zu tun. Aus welchen abgründigen Quellen sich dieses esoterische Dogma, das Vera für ihre Zwecke auf eine bestimmte Weise adaptiert hatte, jedoch *eigentlich* speist, soll im Folgenden dargestellt werden:

Einer der Säulenheiligen der Esoterik-Gemeinde ist der 1925 geborene Familienaufsteller Bert Hellinger, mit dem ich das erste Mal in Berührung kam, als ich vor vielen Jahren eine Patientin behandelte, die im Anschluss an ein „Familienstellen" nach Hellinger einen psychischen Zusammenbruch erlitten hatte. Sie war durch frühe, ungewöhnlich grausame Gewalterfahrungen in ihrer Familie schwer traumatisiert. Ihre Mutter hatte sie als Kind absichtlich mit kochendem Wasser verbrüht und ihren Rücken großflächig mit einem heißen Bügeleisen verbrannt. Nun sollte sie im Rahmen des „Familienstellens" aus einer größeren Gruppe von Teilnehmern „Stellvertreter" aussuchen, die ihre Familienangehörigen repräsentierten und mit diesen zwecks Versöhnung in Kontakt treten. Meine Patientin wurde dazu aufgefordert, „ihr Schicksal anzunehmen" und ihrer Mutter, dargestellt durch eine der Mitwirkenden, zu verzeihen, was diese ihr an brutaler Gewalt angetan hatte. Als sie das nicht konnte, attestierte ihr der Gruppenleiter Unfähigkeit und böswilliges Unterlassen, woraufhin meine Patientin weinend zusammenbrach. In ihrer Verzweiflung kontaktierte sie einige Monate später die Beratungsstelle, für die ich damals arbeitete. Sie blieb solange bei mir in Psychotherapie (viele Jahre), bis die kriminellen Taten ihrer perversen und sadistischen Mutter nicht mehr ihre aktuellen Beziehungen beherrschten und sie trotz der nachhaltigen körperlichen und seelischen Beschädigungen ein vergleichsweise normales Leben führen konnte. Verziehen hat sie ihrer Mutter nie. Es gab dazu auch keinen Anlass.

Es ist Hellingers Credo, dass Kinder ihren Eltern und Opfer den Tätern verzeihen müssen, was auch immer sie getan haben, bis hin zu (sexueller) Misshandlung und Vergewaltigung. Er ist davon überzeugt, dass es „keine Guten und keine Bösen", sondern „bloss schicksalhaft Verstrickte" gibt, die sich einer bestimmten patriarchalen Ordnung widersetzen, welche es wiederherzustellen gilt – und zwar mit Hilfe des „Familienstellers", der diese Zusammenhänge erkennt und aufzeigt. „Stellte man Mörder und Ermordete ganz offen – ohne moralisches Brimborium – auf, zeigt sich, so Hellinger, eine *unglaubliche Liebe*".[66] Bei einer Aufstellung möchten sich „Opfer und Täter immer miteinander versöhnen, selbst Holocaust-Opfer und NS-Täter: die Therapie stehe sozusagen im Widerspruch zur Politik."[67] Diese abstrusen Gedankengänge beruhen auf keinerlei psychologischer oder empirischer Grundlage, von ethischen Kriterien einmal ganz abgesehen. Hellinger, der in seiner Jugend Wehrmachtsoldat war, ist es offenbar ein Anliegen, die NS-Tätergeneration zu entlasten und zu exkulpieren.[68] Dazu passend lässt er mit Sätzen wie diesem aufhorchen: „Bei der Psychotherapie ist die Vorgehensweise ganz einfach. Es geht einem da wie einem guten Führer. Ein guter Führer sieht, was die Leute wollen, und das befiehlt er."[69] Nach dem Krieg studierte Hellinger Theologie und ging 1953 für den katholischen Orden der Mariannhiller als Missionar nach Südafrika. 1971 kehrte er nach Deutschland zurück, trat aus dem Orden aus und wandte sich von der Kirche ab. Seinen missionarischen Eifer und den autoritären allwissenden Gestus behielt er jedoch bei. Er begann sich u. a. mit der Mehrgenerationenperspektive der systemischen Familientherapie zu beschäftigen und verband sie mit an Sektenpraktiken erinnernde Manipulationstechniken. Daraus entstand sein umstrittenes und von Fachleuten als gefährlich eingestuftes Konzept des „Familienstellens". In der Vergangenheit fiel er nicht nur dadurch auf, dass sich eine Teilnehmerin eines seiner Massenhappenings (mit bis zu 500 Personen und mehr) nach einer öffentlichen „Behandlung" durch Hellinger das Leben nahm,[70] sondern auch durch antisemitische und die Massenmorde der Nazis verharmlosende Äußerungen. Schließlich machte er 2004 Schlagzeilen, als bekannt wurde, dass er in der „Kleinen Reichskanzlei", in einem Ortsteil von Bischofswiesen im Berchtesgadener Land, die ehemaligen Arbeitsräume Adolf Hitlers, in denen noch der Konferenztisch des Führers stand, bezogen hatte. Die „Reichskanzlei Dienststelle Berchtesgaden" war von 1937–45, neben der neuen Reichskanzlei in Berlin, zweiter Regierungssitz der Nazis und wurde nach dem Krieg von den Alliierten als Armeegebäude genutzt. 1996 fiel das Haus, dessen Eingang noch ein holzgeschnitzter, wenn auch inzwischen von seinem Hakenkreuz befreiter Reichsadler zierte, an den Bund, und Hellinger zog ein.[71] Es könnte wohl kaum etwas Hellingers autoritären Gestus, seine Menschenverachtung und seinen perversen Hang zur Nekrophilie (ständig beschäftigt ihn bei seinen Aufstellungen das „Reich der Toten", geht es um Ermordete und Selbstmörder)[72] besser illustrieren als diese Adresse. Es ist daher nicht verwunderlich, dass in den als „Familienstellen" getarnten todeslastigen Mysterienspielen auch der Krebs eine tragende Rolle zugewiesen bekommt. „Krebs ist die Sühne für die Verachtung der Eltern"[73] wird Hellinger beispielsweise in der Zeitschrift *Psychologie Heute* zitiert, womit wir wieder beim Topos der „Schuld" angelangt sind. Kommen das „Böse" und das Tödliche jedoch von außen, z. B. in Form von faschistischen Diktaturen oder anderen Verbrecherregimen, dann wird es unter den Begriff des „Schicksals" subsumiert, dem überpersönlichen „Fluss des Geschehens", dem wir alle machtlos ausgeliefert sind.[74] Über die Widerstandskämpfer gegen das NS-Regime weiß er Folgendes zu sagen: „Was war das Ergebnis des Widerstands? Es war gleich Null. Das zeigt, dass die Widerstandskämpfer nicht im Einklang waren. Das waren Leute, die gemeint haben, sie könnten das Rad der Geschichte aufhalten. Das geht nicht."[75] Vera wird sich ihrer Situation ebenfalls ausgeliefert gefühlt haben, weshalb es vermutlich erleichternd für sie war, sich vorzustellen, dass der Krebs einen Sinn hatte und er zumindest zu *irgendetwas* „gut" war, wenn er schon nicht verschwand. Gemäß ihrer persönlichen Adaption der Hellingerschen Theoriebildung hatte sie mit ihrer Erkrankung stellvertretend den Fehltritt ihres Mannes „gesühnt" und ihn damit von seiner „Schuld" erlöst. Durch die Erkenntnis dieses Zusammenhanges war die „gestörte Ordnung der Familie" (Hellinger) wiederhergestellt worden, was sich nun auch auf Veras Gesundheit hätte auswirken müssen – zumal die Liebe, wie schon erwähnt, durch ein schamanistisches Ritual neuerlich bekräftig worden war.

Hellingers Familienbild ist allerdings etwas anders strukturiert als von Vera interpretiert, nämlich streng patriarchal und von einem scheinheiligen pseudoreligiösen Pathos durchdrungen. „Begriffe wie Demut, Sühne, Strafe, Fluch etc. kommen ständig vor, dazu danken, knien, ehren, sich verneigen, sich einfügen, verzeihen, erretten usw."[76] In der Regel sind es die *Frauen*, die für jedes familiäre Drama (bis hin zu Inzest und Vergewaltigung) verantwortlich zu machen sind, weil sie sich nicht so verhalten haben, dass der Mann/Vater zufrieden sein konnte. Damit haben sie die „Ordnung" verletzt, was sie als Symptomträgerinnen prädestiniert. „Den Tätern, seien es Väter, Großväter, Onkel oder Stiefväter, wurde etwas vorenthalten oder es wird etwas nicht gewürdigt, und der Inzest ist dann der Versuch, dieses Gefälle auszugleichen", heißt es, wieder einmal die Täter in Schutz nehmend, bei Hellinger.[77] Auf Veras Fall angewendet, wären der Ehekonflikt und die daraus entstandene Somatisierung (Krebs) also darauf zurückzuführen, dass sie ihren Mann nicht adäquat befriedigt hatte, weshalb er dazu gezwungen war, sein Recht auf sexuelle Erfüllung (oder was auch immer er vermisst hat) außerhalb der Ehe von einer anderen Frau einzufordern. Demzufolge hätte Vera auf der fiktiven Bühne des „Familienstellens" ihren Mann um Vergebung bitten müssen und nicht umgekehrt. Zum Glück reichte Veras Selbstbewusstsein aus, um zumindest diese paternalistische Volte im Denken Hellingers auszulassen, auch wenn sie mit ihrer verstörenden Aussage „ich liebe meinen Krebs", die sie in den letzten Monaten ihres Lebens des Öfteren und fast trotzig akklamiert hatte, auf seiner Linie lag. Es ist allerdings auch typisch für die Kunden esoterischer Gemischtwarenläden, dass sie sich genau jene Versatzstücke aus dem bunten Sortiment herausbrechen und in den Einkaufswagen legen, die es ihnen ermöglichen, unangenehmen oder Angst machenden Wahrheiten auszuweichen und damit den Status quo zu legitimieren.

Wenige Monate vor ihrem Tod stieß Vera auf H., den letzten aus der Riege der selbsternannten „Heiler", den sie noch eigenständig aufzusuchen in der Lage war. Er hatte keinerlei medizinische Ausbildung, sondern propagierte das „geistige Heilen". Er bezeichnete sich als „ein Werkzeug Gottes", durch den ein „geistiger Heilstrom flösse". Dieser würde „an die Stellen des Körpers geleitet, die zellulär verdunkelt, also krank sind". Weiters suggerierte er meiner Freundin (einmal mehr...), dass sie an ihrer Krankheit selber Schuld sei. Er gab Vera, die in ihrer Verzweiflung sogar die 80 Kilometer lange Autofahrt zu seiner Praxis in Kauf nahm, obwohl sie schon kaum mehr Luft bekam, selbstverfasste Texte zu lesen, wie diesen:

Jedem negativen Gedanken und/oder Gefühl folgt destruktive Energie, welche sich auf Dauer verfestigt und Lebensenergie blockiert. Krankheit entsteht durch das an das Nervensystem gebundene negative Denken und Fühlen. Unnötige Sorgen, Gedanken der Missgunst und des Neides, Hass und Wut, wie auch Angst und Schwäche oder eine allzu große Lebensgier wirken sich verheerend über die Nerven auf den Körper und Gemütszustand aus. Die enge Verflechtung von Bewusstsein, Gehirn, Nerven,

Drüsen und Blut, welche sich auf den Zustand der Körperzellen und damit auf das ganzheitliche Körperbefinden auswirkt, zeigt, wie lebensnotwendig ein klares geistiges Bewusstsein für die Wirklichkeit des Lebens ist. Es bedarf der Loslösung und Entbindung von Verhaftungen sich selbst identifizierender Glaubensmuster, aus denen das Prinzip der Selbstbestrafung und Opferrolle entsteht. Selbstbetrug ist Betrug an der Seele, und Betrug an der Seele vergiftet den Körper. [...] Und immer ist es das Licht, der Heilige Geist mit seinen Energien, der alles Leben tiefgreifend beeinflusst und prägt. So auch in der Geistigen Heilung, denn hier wird bei einem Krankheitsprozess über das geistige Licht eine aufbauende Veränderung in den Atomen, den Zellen und Zellverbänden und somit in den Organbereichen des Körpers hervorgerufen.

Als Vera in den Sitzungen mit H. über Schmerzen klagte, schickte er sie nicht ins Spital, sondern erklärte ihr, dass sie jetzt gerade „in die Heilung ginge", was immer mit Schmerzen verbunden sei. Offenbar war er so überzeugt von sich und seinen spirituellen Fähigkeiten, dass er eine Verschlechterung ihrer gesundheitlichen Situation gar nicht in Betracht zog – und meine Freundin dankte es ihm mit Hoffnung und Zuversicht. Auch hier wurde wieder, wie bei Hellinger, die Realität nach Gutdünken auf den Kopf gestellt. Während Hellinger im „Familienstellen" in faschistoider Manier die totale Unterwerfung fordert und sich jeglichen Widerspruch verbietet, denn erst dann kommt das Heil, gerierte sich H. wie Gottes Stellvertreter auf Erden und wandelte kurzerhand Tumorschmerzen in Heilungserfolge um. Als Vera schließlich wenige

Wochen später als akuter Notfall in ein Krankenhaus eingeliefert wurde, aus dem sie nicht mehr nach Hause entlassen werden sollte, bekam sie unerwarteten Besuch von ihrem einstigen „Geistheiler", der in Begleitung einer ihr fremden Frau das Zimmer betrat. „Sie solle sich doch noch einmal überlegen, was IHRE Beteiligung an der Krebserkrankung gewesen sei", riet er ihr. Vielleicht wollte er sich aber auch nur versichern, dass Vera oder ihre Angehörigen keine rechtlichen Schritte wegen unterlassener Hilfeleistung gegen ihn unternehmen würden. Ich besuchte Vera zufällig am selben Tag, nur ein paar Stunden später. Sie war so aufgebracht und erbost über den Besuch von H., wie ich sie vorher noch nie erlebt hatte. Das ganze watteweiche Gesäusel war von ihr abgefallen, ebenso der Esoterik-Jargon. Ob ich nicht auch fände, dass H. „ein unglaubliches Arschloch sei", wollte sie von mir wissen, während sie mir gegenüber in einem pastellfarbenen Jogginganzug in der Krankenhaus-Cafeteria saß und wütend mit einem Löffel durch ihren Kaffee pflügte. Ich konnte ihr nur zustimmen. Und ich dachte mir, dass meine Freundin, mitten im Sterben, endlich wieder lebendig geworden war. Dafür war ich H. fast dankbar.

Epilog
oder
Wie auch ich in die Kitschfalle geriet

Veras Krankheit und ihre immer ausweglosere Lage hatten über den Zeitraum von mehr als einem Jahr auch bei mir gesundheitliche Spuren hinterlassen. Ich fühlte mich unendlich müde und erschöpft und laborierte an diversen harmlosen aber doch lästigen Beschwerden herum, denen mit konventionellen Mitteln nicht beizukommen war. So kam ich schließlich auf die Idee, es mit „Traditioneller chinesischer Medizin" (TCM) zu versuchen. Es war wohl kein Zufall, dass mir dieses Behandlungskonzept eingefallen war, hatte ich doch bereits eine mehrmonatige Trekking-Reise nach Bhutan geplant, der ich mit Ungeduld entgegensah. Die zwangsläufige Härte des Klinikalltages von Vera mit seinen Operationen und Chemotherapien sowie das ständige Nachdenken über ihr kurz bevorstehendes Lebensende hatten auch bei mir dazu geführt, dass ich mich angesichts dieser Zumutungen nach „sanften" „ganzheitlichen" Lösungskonzepten zu sehnen begann und mir insgeheim wünschte, ich würde, wenn ich irgendwo hoch oben in den Bergen des Himalaya meditierend in mich ginge, dem Geist meiner verstorbenen Freundin nahe sein können. Auf meinem Nachttisch häuften sich Erfahrungsberichte aus Bhutan von lauter Europäern und Amerikanern auf Sinnsuche, die dort (zumindest temporär) ihren Seelenfrieden gefunden hatten. Vielleicht hatte ich auch den unbewussten Wunsch, meinen Dauerkonflikt mit Vera bezüglich ihrer esoterischen Orientierung am Ende doch noch aufzulösen, quasi einen versöhnlichen Schlussakkord zu setzen, in dem ich mich in einer für mich gerade noch erträglichen Weise in ihren Bereich begab.

Ich informierte mich also im Internet über die Möglichkeit einer TCM-Behandlung und stieß auf die Website von Dr. P., dessen Praxis zwar eineinhalb Bahnstunden von meinem Heimatort entfernt lag, die jedoch so vielversprechend wirkte, dass ich mir vorstellen konnte, mehrfach hintereinander den weiten Weg zu ihm zurückzulegen. Er warb nicht nur mit einem sympathischen Foto, auf dem mich ein sehr attraktiver, vertrauenswürdig aussehender Arzt in mittleren Jahren anlächelte, sondern hatte auch eine beachtliche Anzahl Auslandsaufenthalte und Ausbildungen aufzuweisen. Er würde „schulmedizinische Diagnostik und TCM miteinander verbinden", weshalb man bei ihm „in guten Händen" sei, erfuhr ich. Also genau der Richtige! Das einzige Detail, das mich an der Website der Gemeinschaftspraxis störte war, dass die dort aufgeführten Ärzte Auskunft über ihren Familienstand und die Anzahl ihrer Kinder (nebst Vornamen derselben) gaben. Ich fand diese privaten Informationen im Zusammenhang mit einer beruflichen Selbstdarstellung überflüssig, las dann aber darüber hinweg und vereinbarte mit Dr. P. einen Termin. Bereits eine Woche später betrat ich seine geschmackvoll eingerichtete Praxis, die mit den unvermeidlichen asiatischen Devotionalien dekoriert war.

Dr. P. nahm sich viel Zeit für das Erstgespräch, in dem ich die ganze Zeit mit den Tränen kämpfte, womit ich selber nicht gerechnet hatte. Bei meiner Freundin riss ich mich nun schon monatelang zusammen, funktionierte wie geölt und legte eine gewisse unsentimentale Hemdsärmeligkeit an den Tag, von der ich wusste, dass Vera sie von mir erwartete. Jetzt klappte ich förmlich zusammen und packte neben meinen gesundheitlichen Beschwerden spontan das ganze Elend aus, welches sich bereits in einem erschreckenden Ausmaß in mir angesammelt hatte. Dr. P. hörte sich alles an, machte ein paar nicht besonders einfühlsame aber doch beruhigende Bemerkungen zu meiner Gesamtsituation und entwarf einen Behandlungsplan, bestehend aus zehn Akupunktur-Sitzungen im Wochenrhythmus und einer speziell für mich hergestellten Medizin. Außerdem bot er mir an, dass ich ihn jederzeit (!) auf seinem Mobiltelefon anrufen könne. Das alles wirkte bereits sehr entspannend auf mich und erfüllte mich mit Zuversicht. Ich fuhr gerne in den hübschen Ort, in dem Dr. P. seine Praxis hatte. Auf der Zugfahrt schaute ich aus dem Fenster, erfreute mich an der abwechslungsreichen Berglandschaft und genoss die kleine Auszeit sowohl von meiner Arbeit als auch von der Betreuung meiner kranken Freundin. In der Nähe des Bahnhofes hatte ich eine gut sortierte Buchhandlung und eine ebensolche Boutique entdeckt, in die ich regelmäßig einkehrte. Die Akupunkturbehandlungen waren ebenfalls nicht unangenehm (wenn auch in Bezug auf die körperlichen Beschwerden nicht besonders wirksam) und hatten sich inzwischen von einer Stunde auf eineinhalb Stunden pro Sitzung ausgedehnt, in denen Dr. P. und ich uns über alles Mögliche unterhielten, was wir beide genossen. Dabei entwickelte mein Arzt ganz konkrete Vorstellungen davon, was mir gut täte und was nicht – wobei damit nicht Dinge wie Ernährung etc. gemeint waren, sondern Lebensentscheidungen und innere Haltungen, die normalerweise nicht in den Bereich ärztlicher Beurteilung fallen. Als ich ihm z.B. von meinem Plan erzählte, mir eine berufliche Auszeit zu nehmen, um ein Buch über „Kitsch in Beziehungen" zu schreiben, äußerte er sich skeptisch. Er verstand nicht, worum es mir ging. Vielmehr fühlte er sich provoziert, als ich ganz allgemein über fassadenhafte Lebensentwürfe sprach. Auch meine Aversion gegen Veras Hang zur Esoterik konnte er nicht nachvollziehen und unterstellte mir Intoleranz. Sprachen wir hingegen über Tiere, die *sein* Thema waren, blühte er förmlich auf. Leider konnte er, so erfuhr ich, zuhause aus familiären Gründen keine solchen halten. Ich erwähnte in diesem Zusammenhang, dass ich mir als Kind und junges Mädchen immer ein Pferd gewünscht, diesen Wunsch aber nie erfüllt bekommen hätte. Dr. P. stutzte. Ich sah, wie es hinter seiner Stirn plötzlich heftig zu arbeiten begann. Offenbar war ihm irgendetwas eingefallen, das jetzt mit Macht an die Oberfläche drängte. Schließlich erzählte er mir, dass Bekannte von ihm ein Pferd besäßen, für das sie einen neuen Besitzer suchten. Ob das nicht etwas für mich sei? Ich solle doch meinem Herzen einen Stoß geben und endlich meine Wünsche realisieren. Ich wusste nicht, ob ich jetzt lachen oder ob ich mich von der Woge seiner Begeisterung einfach mittragen lassen sollte. Noch nie vorher hatte mir jemand spontan ein Pferd angeboten! Und zwar nicht *irgendein* Pferd, sondern einen Lippizanerhengst – wenn auch schon etwas in die Jahre gekommen, aber das war ich ja auch. Erst faszinierte mich diese ungewöhnliche Idee, aber dann verschloss ich meine Ohren gegen Dr. P.s Sirenengesänge und zählte alle Gründe auf, die gegen diese Anschaffung sprachen: Ewig schon sei ich auf keinem Pferd mehr gesessen, ich wüsste gar nicht, ob ich überhaupt noch reiten könne. Zudem sei ich berufstätig, hätte eine volle Praxis und wirklich keine Zeit für die Betreuung eines Tieres. Außerdem besäße ich weder Hänger noch Sattel noch einen Stallplatz und wolle demnächst für mehrere Monate zum Bergsteigen nach Bhutan reisen. Dr. P. ließ enttäuscht durchblicken, dass er für meine Hasenfüßigkeit in Zukunftsdingen wenig Verständnis hätte und befand, ich solle mir die Sache doch bis nächste Woche noch einmal überlegen. Wir könnten dann ja einen gemeinsamen Termin zur Besichtigung des Pferdes verabreden. In der Woche darauf fuhr ich mit gemischten Gefühlen zu meiner Behandlung und war froh, dass das Pferdethema nicht mehr angeschnitten wurde. Als es am Ende der Sitzung allerdings darum ging, einen neuen Termin zu vereinbaren, eröffnete mir Dr. P. freudestrahlend, er hätte inzwischen mit seinen Bekannten gesprochen. Nächste Woche Donnerstag, nach der Behandlung, könnten wir gemeinsam in den Stall fahren. Ich würde dann erstmals Bekanntschaft mit dem schönen Tier schließen – natürlich ganz unverbindlich. Ich war so perplex, dass ich keine Einwände erhob, sondern zusagte, mich zugegebenermaßen sogar auf eine kindliche Weise freute und dann wie ferngelenkt zum Bahnhof ging. Dort schrieb ich einer befreundeten Kollegin eine SMS und erzählte ihr von dem gerade Erlebten. Als ich danach gedankenverloren im Zug saß, lief vor meinem inneren Auge folgender Film ab:

Der gut aussehende, ca. 10 Jahre jüngere Dr. P. wirft schwungvoll seinen weißen Kittel auf den Haken der Praxisgarderobe und hält mir die Tür auf. Wir schweben zu seinem Auto und fahren durch die sonnendurchflutete Landschaft zu einem romantischen Reitgut. Dort schnaubt schon der Lippizanerhengst auf der Koppel. Dr. P. legt ihm vorsichtig den Sattel auf, hilft mir in den Steigbügel, und ich galoppiere mit wehenden Haaren über die Felder. Dr. P. schaut mir derweil versonnen nach. Ich bin dabei eine Mischung aus Scarlett O'Hara („Vom Winde verweht") und Pippi Langstrumpf, die ich schon seit meiner Kindheit um den Besitz ihres riesigen schwarz gepunkteten Pferdes namens „Kleiner Onkel" beneidet hatte.

Während ich noch in diesen pilchheresken Bildern schwelgte, ertönte plötzlich mein Mobiltelefon. Die Antwort der Kollegin auf meine SMS kam postwendend und lautete folgendermaßen: „Du willst Dir doch jetzt wohl nicht auch noch wegen dieses jungen Dr. Knackig einen Gaul in den Vorgarten stellen?!" „PLOPP", machte die große bunte Seifenblase! Und dann musste ich so über mich selber lachen, dass sich umsitzende Bahnpassagiere verwundert nach mir umdrehten. Dass ausgerechnet mir, der Kitsch-Spezialistin, so etwas passieren konnte! Die ganze Bahnfahrt über dachte ich darüber nach, wie ich aus dieser Geschichte ohne Peinlichkeit wieder herauskäme. Zuhause angekommen, setzte ich mich sogleich an den Laptop und schrieb Dr. P. eine freundliche E-Mail, in der ich mich herzlich für seine Bemühungen bedankte, das Pferdetreffen jedoch absagte. Ich erklärte ihm noch einmal, dass der Erwerb eines solchen Tieres (so *gerne* ich es besäße) mit meiner derzeitigen Lebensplanung nicht vereinbar sei. Mit leisem Bedauern schickte ich den Brief ab, gleichwohl die Erleichterung überwog. Es erfolgte keine Reaktion. Eine Woche später saß ich wieder im Zug auf dem Weg zu meinem Akupunkturtermin und las tatsächlich in der Zeitung, dass die Chinesen gerade „das Jahr des Pferdes" eingeläutet hätten. Die Gleichzeitigkeit der Ereignisse erheiterte mich ungemein, und mit diesem Witz auf den Lippen begrüßte ich meinen TCM-Arzt. Allerdings hatte ich die Rechnung ohne den Akupunkteur gemacht! Dr. P. verzog keine Miene, sondern schickte mich mit eisigem Gesicht in den Behandlungsraum. Und dort putzte er mich nach allen Regeln der Kunst herunter! Er warf mir sinngemäß vor, dass ich eine überhebliche Person sei, die zu Rigidität und zu übersteigerter Selbstkontrolle neigen würde, weshalb er beschlossen habe, heute einmal ein anderes Behandlungskonzept anzuwenden. Er würde die Nadeln nicht wie gewohnt setzen, um damit auf meine *körperlichen* Beschwerden einzuwirken, sondern vielmehr meiner übertriebenen Selbstdisziplin zu Leibe rücken. Etliche schmerzhafte Nadelstiche später lag ich, mühsam das Heulen unterdrückend, alleine in dem kleinen Zimmer, starrte an die mir inzwischen vertraute Holzdecke und zählte die Schläge der Kirchturmuhr, die jede Viertelstunde ertönten. Während Dr. P. bei den vorherigen Sitzungen alle zehn Minuten nach mir gesehen, die Wärmelampen zurechtgerückt, sich besorgt nach meinem Befinden erkundigt und mit mir geplaudert hatte, ließ er sich jetzt eine volle Stunde lang nicht blicken. Liebesentzug! Gerade als ich beschlossen hatte, mir selber die Spieße aus dem Körper zu ziehen und die Praxis zu verlassen, öffnete sich die Tür und Dr. P. trat ein. Wortlos befreite er mich von den Nadeln, setzte sich an seinen Schreibtisch und machte einen Terminvorschlag für die nächste Woche, als ob nie etwas vorgefallen wäre. Vor Wut bebend erklärte ich ihm, dass es keine weiteren Behandlungen geben würde und dass ich sein Verhalten empörend und unprofessionell fände. Damit rauschte ich zur Tür hinaus. Ich war noch nicht am Bahnhof angekommen, da erreichte mich bereits die erste Entschuldigung per SMS. Um es kurz zu machen: Ich betrat diese Praxis tatsächlich niemals wieder, tauschte allerdings mit meinem ehemaligen Arzt noch zwei deeskalierende Briefe aus, denn ich fühlte mich am Verlauf der Geschichte nicht ganz unschuldig.

Ich habe diese Begebenheit hier so ausführlich erzählt, weil sich an ihr bestimmte Funktionen des Kitsches geradezu überdeutlich zeigen lassen. Alles begann mit meinem Bedürfnis, den brutalen Härten auszuweichen, die ich während Veras Krankenhausaufenthalt miterlebt hatte. Die Angst, die das langsame Ersticken meiner Freundin bei mir auslöste, bewältigte ich durch die Beschäftigung mit „sanften" fernöstlichen Heilmethoden. Wenn ich einmal so krank würde, so lautete meine unbewusste Hoffnung, dann wären meine Optionen nicht Chemotherapie und radikale Operationen, sondern Kräutertees und Akupunktur. Wie eine Versicherung gegen zukünftiges Leid zog mich die Vorstellung von behutsamen, sprich schmerzlosen Eingriffen an. Die Praxis, die ich mir ausgesucht hatte, roch nicht nach Desinfektionsmitteln, wie ich sie von der Palliativstation noch nachhaltig in der Nase hatte, sondern nach würzigen Tees. Unbekannte chinesische Schriftzeichen, die schlussendlich nur den Namen des Arztes wiedergaben, suggerierten jahrtausendealte Weisheit. Obwohl ich mich bei meinem ersten Besuch der Praxis von Dr. P. insgeheim ein wenig über den „Chinakitsch" mokiert hatte, verfehlte er seine Wirkung auf mich nicht. Im Gegenteil: Ich sog die Atmosphäre dankbar auf, um damit meine Ängste zu neutralisieren. Und das war auch die Funktionsweise dieser Praxis. Bereits beim Anamnesegespräch hatte ich gemerkt, dass Dr. P., immer wenn mir die Tränen in die Augen stiegen, seine Gefühlsrollläden herunterließ. Er konnte weder meine hilflose Situation noch die Kritik an Veras esoterischer Orientierung ertragen, sondern musste vielmehr *kompensatorisch* tätig werden. Mit der Erfüllung eines von mir unbedacht geäußerten, aus meiner Kindheit stammenden Wunsches nach einem Pferd wollte er ein begeistertes Glitzern in meine Augen zaubern, in dem er sich dann selber hätte widerspiegeln können. In einer solchen narzisstischen Kollusion hätten wir uns beide zumindest für einen Moment lang ganz wunderbar fühlen können! Auf meiner Seite hätten statt Trauer und Angst Freude und Begeisterung geherrscht (Reitstunden statt Krankenhausbesuche), und Dr. P., der eigentlich *selber* gerne ein Tier gehabt hätte, wäre als jemand in Erscheinung getreten, der selbst Unmögliches möglich machen kann; vielleicht sogar den Tod besiegen! Es entstand eine zunehmend erotisierte Atmosphäre, die sich proportional zu meiner Verzweiflung und meiner Traurigkeit entwickelte. Dr. P. hatte sich quasi angeschickt,

Stroh zu Gold zu spinnen. Und nur zu gerne hätte ich an die Realisierung dieses Vorhabens geglaubt. Dass es sich bei solchen Inszenierungen, lässt man sich auf sie ein, jedoch immer nur um kurze, letztlich substanzlose Gefühlsaufwallungen handelt, denen die Enttäuschung auf dem Fuß folgt, ist eine Erfahrung, die jeder in seinem Leben vermutlich einmal gemacht haben muss, um anschließend nachhaltig vor ihr gefeit zu sein.

Als ich nach kurzem Zögern meine Rolle in dieser „Folie à deux" niederlegte, konfrontierte mich Dr. P. mit der vollen Wucht seiner Aggression, die den schon erwähnten sadistischen Ausgang nahm. Die hier geschilderte Art der Realitätsverweigerung zugunsten pseudoidyllischer und ambivalenzfreier Zustände ist Kitsch in seiner reinsten Form, für den man unter bestimmten Umständen auch anfällig sein kann, wenn man ansonsten, so wie ich, wenig Affinität zu sentimentalen Inszenierungen hat. Was Dr. P. von mir jedoch eindeutig unterschied, war seine geradezu stupende Humorlosigkeit. Kitsch, wie ich ihn an dieser Stelle beschrieben habe, ist immer ernst gemeint und geht mit der Unfähigkeit einher, zu sich selber eine kritische Distanz einzunehmen. Das macht den Kitsch so gefährlich.

KITSCH UND LITERATUR Wenn der Weltekel zum literarischen Programm wird. Über den nekrophilen Kitsch im Werk von Michel Houellebecq und H.P. Lovecraft.

Michel Houellebecq war 16 Jahre alt, als er den amerikanischen Schriftsteller Howard Phillips Lovecraft (1890-1937) für sich entdeckte, dessen Texte „eine eigenartige Anziehungskraft"[78] auf ihn ausübten. Lovecraft, ein Vertreter exaltierter Horrorliteratur, hatte in seinem kurzen deprimierenden Leben als „zurückgezogener Sonderling"[79] in Providence, Rhode Island, immer wieder unter heftigen Albträumen gelitten, die in seinen Geschichten groteske Gestalt annahmen. Seine imaginäre Welt ist bevölkert von fremdartigen gottähnlichen Wesen, die aus fernen Gefilden (Weltall, kosmische Tiefe, ferne Zukunft) stammen und unaussprechliche Namen tragen, in denen sich Konsonanten bedeutungsschwanger aneinanderreihen. Sabbernde, bizarre Geschöpfe spiegeln die Ängste und Projektionen ihres Erfinders wider und haben neben der Furcht vor Inzucht, Verfall und Degeneration vor allem eines zum Inhalt: einen penetranten Rassismus! Dabei bedient sich der Verfasser (er bezeichnet sich selber als „Menschen des 18. Jahrhunderts"[80]) eines manieriert altertümelnden Schreibstils, häuft Adjektive auf Adjektive und liebt bombastische Showdowns, in denen das Szenario des „namenlosen Grauens" nicht selten dazu tendiert, ins Lächerliche umzukippen; einen Umstand, den selbst seine Bewunderer nicht ganz verleugnen können. Ihrer Begeisterung tut das jedoch keinen Abbruch. Lovecraft hatte, vornehmlich nach seinem Tod, eine stetig wachsende Fangemeinde.

1991 widmete ihm der 35-jährige Michel Houellebecq nicht von ungefähr sein erstes Buch, eine kleine Monografie über den Horrorliteraten mit dem Titel „Gegen die Welt, gegen das Leben". Der Essay, vom Verlag in den Rang eines „literarischen Manifests" erhoben und anlässlich seiner Neuauflage 2004 von keinem Geringeren als Stephen King, ebenfalls ein Bewunderer Lovecrafts, mit einem enthusiastischen Vorwort versehen, ist sowohl eine Referenz an den Kultautor aus Providence als auch eine zentrale Schrift in der Rezeptionsgeschichte des Lovecraftschen Werkes. Man kann sie aber auch als Selbstauskunft des Menschen und Autors Houellebecq lesen, der mit Lovecraft vermutlich mehr gemeinsam hat, als es die blutrünstigen Schauergeschichten des Amerikaners auf den ersten Blick nahelegen. Auf der ersten Seite der Originalausgabe von „Gegen die Welt, gegen das Leben" findet sich ein Zitat Lovecrafts, das den Leser bereits auf die Gemütslage sowohl des Meisters als auch auf die seines Exegeten einstimmt:

Ich bin der Menschheit und der Welt so überdrüssig, dass mich nichts interessieren kann, wenn es nicht wenigstens zwei Morde pro Seite gibt oder um namenlose Schrecken geht, die aus äußeren Welten kommen.[81]

Das Erleben „namenlosen Schreckens" dürfte Lovecraft selber nicht fremd gewesen sein, war er doch von Kindesbeinen an fortgesetzt mit Ereignissen konfrontiert, die es ihm verunmöglichten, die Welt als einen freundlichen Ort wahrzunehmen. Er wurde zwar in eines der vornehmeren Viertel von Providence (New England) hineingeboren, wo er die ersten Jahre seines Lebens in einer geräumigen viktorianischen Villa, umgeben von der Schönheit unberührter Natur, verbrachte, das äußere Idyll sollte sich jedoch auf längere Sicht als wenig tragfähig erweisen. Als der kleine Howard drei Jahre alt war, erlitt der Vater, offenbar infolge einer Syphilis-Erkrankung, einen „paralytischen Anfall" und verfiel in einen komatösen Zustand, aus dem er nicht mehr erwachte. Man brachte ihn in das 1844 gegründete Butler Hospital, der ersten rein psychiatrischen Klinik in Rhode Island. Fünf Jahre lang war der bewusstlose Vater dort Patient, bis er 1898 schließlich starb. Howard wurde nun, abgesehen von seiner seelisch instabilen und zu eskapistischem Verhalten neigenden Mutter, von zwei älteren Tanten und seinem Großvater aufgezogen, der über eine stattliche Bibliothek verfügte. Das als frühreif beschriebene Kind, das sich permanent lesend den Zumutungen seiner Umgebung entzog, wuchs ohne soziale Kontakte zu Gleichaltrigen auf und wurde zeitweise aufgrund seines schlechten Gesundheitszustandes (körperlich wie psychisch) von der Schule suspendiert und von einem Privatlehrer unterrichtet. Nicht zuletzt war es durch undiszipliniertes und aggressives Verhalten aufgefallen. 1904 starb auch der Großvater, dessen Firma inzwischen bankrott gegangen war. Mit seinem Tod war eine massive soziale Deklassierung der Familie einhergegangen, denn weder konnte die Villa erhalten noch das Personal bezahlt werden. Man zog in eine kleine, billige Wohnung, die sich in einem Mehrfamilienhaus befand. Lovecraft litt so stark unter dem Verlust seiner gewohnten Umgebung, dass er suizidale Absichten entwickelte und sich nicht dazu in der Lage sah, die Oberschule abzuschließen. Stattdessen vergrub er sich immer tiefer in Lektüren, die er seinen privaten Neigungen folgend (Astronomie, Chemie, Geschichte Neuenglands) auswählte. Er fühlte sich einem streng naturwissenschaftlichen Ideal verpflichtet und lehnte Aberglauben und Obskurantismus entschieden ab.

Er ist neunzehn, als auch die Mutter wegen psychischer Probleme ins Butler Hospital eingeliefert wird und dort – wie der Vater – nach einem zweijährigen Aufenthalt stirbt (infolge eines „Nervenzusammenbruchs", wie es in den Biografien über Lovecraft heißt), ohne die Klinik noch einmal verlassen zu haben. Lovecrafts heftige Reaktion auf den Tod seiner Mutter zeigt, wie eng er mit ihr verbunden gewesen ist. In einem Brief beschreibt er seinen verzweifelten Zustand nach ihrem Verlust:

Psychologisch bin ich mir einer ungeheuer angewachsenen Ziellosigkeit und der Unfähigkeit, mich für Ereignisse zu interessieren, bewusst. [...] Eine Zeitlang war ich unfähig, mich anzukleiden oder aufzustehen – der Schock zog meine Kehle und das motorische Nervensystem in Mitleidenschaft, sodass ich kaum essen oder ohne Unbehagen stehen und gehen konnte.[82]

Noch im selben Jahr lernte der zurückgezogene, realitätsuntüchtige Lovecraft die russische, sieben Jahre ältere Jüdin Sonia Haft Greene kennen, die in New York ein Hutgeschäft besaß. Es entspann sich zwischen ihnen eine Art Versorgungsbeziehung, bei der die Sexualität ausgeklammert blieb, wie folgende Briefzeilen Lovecrafts nahelegen:

In diesen wechselhaften Tagen sind Personen mit träger Erotik die glücklichsten: Sie können das ganze Schlamassel beiseite lassen und mit ironischer Unbeschwertheit

*zuschauen, wie die primitive Mehrheit sich windet. Sexu-
elle Erfahrung ist sicherlich keine Voraussetzung für gute
Schrifstellerei oder sonstige ästhetische Bestrebungen.*[83]

Drei Jahre später heiratete das Paar, und Lovecraft ver-
legte seinen Wohnsitz in die Metropole an der Ostküste,
einer weiteren fatalen Station im Leben des angehenden
Schriftstellers. Kurz nach dem Umzug ging Sonias Geschäft in Konkurs. In Armut lebend, kämpfte sie immer
wieder mit ihrer schlechten Gesundheit und zog, nachdem sie dort einen Job gefunden hatte, schließlich nach
Cleveland. Lovecraft, der in New York geblieben war,
gelang es trotz zahlreicher Versuche nicht, Arbeit zu finden, was für ihn einen weiteren demütigenden sozialen
Abstieg und den Umzug in einen heruntergekommenen,
von Einwanderern und Farbigen bewohnten Stadtteil bedeutete. Offenbar völlig unfähig, sich selber und seine
Lebensentscheidungen kritisch zu hinterfragen, machte
er die Menschen in seiner nächsten Umgebung für seine
prekäre Lage verantwortlich und entwickelte auf diesem Hintergrund einen paranoiden Fremden- und Ras-
senhass, der 1925 einen traurigen Höhepunkt erreichte,
nachdem ihm jemand seine Kleider gestohlen hatte.
Ein Jahr später entschied er sich, ohne seine Frau nach
Providence zurückzukehren und wieder bei den Tanten
einzuziehen. Die Ehe war gescheitert, und Lovecraft beschäftigte sich jetzt, neben ausgedehnten USA-Reisen
auf der Suche nach „alten Oasen"[84], ausschließlich mit
seinem wesentlichen Anliegen, dem Schreiben. Befeuert
wurde er dabei von den in New York kultivierten und
durch die fortgesetzten Misserfolge genährten Ressenti-

ments, die seine literarische Produktion in signifikanter Weise bestimmten. Seine Erfolge als Autor waren in den elf Lebensjahren, die noch vor ihm lagen, allerdings eher bescheiden. Er schlug sich mühsam mit Lektoraten und als Ghostwriter durch, verarmte zusehends und litt an Unterernährung und zum Schluss an starken Schmerzen, die von einem Magen- und Darmkrebs herrührten, den er zwei Jahre lang nicht behandeln ließ. Erst fünf Tage vor seinem Tod wurde Lovecraft in ein Krankenhaus in Providence eingeliefert, wo er 1937 starb. Er hinterließ Gedichte, Essays, nur ein schmales Repertoire an Kurzgeschichten, dafür jedoch mehr als 100.000 Briefe in zum Teil beachtlicher Länge.

Es liegt die Vermutung nah, dass Lovecraft es nicht ohne Grund bis kurz vor seinem Tod vermieden hatte, trotz einer sich über zwei Jahre hinziehenden Leidensgeschichte ein Krankenhaus aufzusuchen, denn schließlich hatten beide Elternteile das Butler Hospital nicht mehr lebend verlassen. Wie er schon die in New York gemachten beängstigenden und deprimierenden Erfahrungen als lebens- und beziehungsunfähiger Entwurzelter auf kontraphobische Weise in Literatur verwandelt hatte, so schlugen sich auch Lovecrafts Begegnungen mit Krankheit und Tod in einer nekrophilen Grundstimmung nieder, die alle seine Erzählungen bestimmte. Das pompöse, einschüchternde Backsteingebäude im neugotischen Kolonialstil, hinter dessen verzierter Fassade sich so beängstigende Dinge abspielten wie das langsame Sterben des Vaters, dürfte in dem kleinen Howard bereits tiefe Spuren hinterlassen haben. Es löste vermutlich diese spezielle Angstlust in ihm aus, die er später in seinen morbiden Horrorgeschichten, in denen historistische Architektur eine dramaturgisch zentrale Rolle spielte, wiederbelebte. Seine „Orte des Wahnsinns" verfügen durchweg über eine minutiös ausgearbeitete Topografie mit einem *realen* Bezug zu denjenigen Städten in Neuengland (insbesondere zu Gegenden mit altem Architekturbestand), welche für den Autor von Bedeutung waren; namentlich Providence, Salem und Boston. Die meisten Erzählungen Lovecrafts weisen in Bezug auf ihre bizarren und theaterhaften Kulissen eine ausgeprägte Dualität auf.[85] Ihre ausschließlich *männlichen* Helden werden „von der Stadt gleichzeitig angezogen und abgestoßen. Abgestoßen, weil sie oft einem Universum des Todes und der Zersetzung (der Gebäude und der Menschen) gleicht und auch infolge des moralischen Verfalls, der mit dem konkreten Verfall in Zusammenhang steht: Mischlingsbevölkerung, heimliches Einverständnis mit den verderblichen Mächten, gegenseitiges Durchdringen von Milieu und Bewohnern. Dennoch behält die Stadt einen faszinierenden Aspekt bei, manchmal sogar wegen dieser Dekadenz [...] oder wegen ihres geheimnisvollen äußeren Scheins, der in einer fernen Vergangenheit wurzelt und beinahe mythisch ist."[86] Die literarischen Mittel, derer sich Lovecraft bei diesen Schilderungen bedient, erfüllen alle Kriterien des Kitsches. Hohl tönende Superlative täuschen Tiefgang vor und werden in manipulativer Weise verwendet. Die Darstellung der Figuren und der hohe Anspruch des Autors stehen in einem eklatanten Missverhältnis zum Resultat seiner Bemühungen. Hier zwei Ausschnitte aus der Erzählung „Stadt ohne Namen":

Als ich mich der Stadt ohne Namen näherte, wußte ich sofort, dass sie verflucht sei. Ich reiste bei Mondschein durch ein ausgedörrtes und fürchterliches Tal und sah sie von Ferne unheimlich aus dem Sand emporragen, so wie Teile eines Leichnams aus einem eilig ausgehobenen Grab emporragen mögen. Furcht sprach aus den zeitbenagten Steinen dieses altersgrauen Überbleibsels der Sintflut, dieser Urahne der ältesten Pyramide, und eine unsichtbare Ausstrahlung stieß mich ab und befahl mir, mich von den antiken und düsteren Geheimnissen zurückzuziehen, die kein Mensch zu Gesicht bekommen soll und die noch niemand zu sehen gewagt hatte. [...] Es war dieser Ort, von dem der verrückte Dichter Abdul Alhazred träumte, bevor er sein unerklärbares Lied sang: ‚Das ist nicht tot, was ewig liegt, bis dass die Zeit den Tod besiegt.‘ [...] Lediglich die grimmig brütenden Wüstengötter wissen, was sich wirklich ereignete, was für unbeschreibliche Kämpfe und Widrigkeiten ich im Dunkeln erduldete und welcher Höllenengel mich ins Leben zurückführte, wo ich mich stets erinnern und im Nachtwind beben muss, bis die Vergessenheit – oder Schlimmeres mich fordert. Grauenhaft unnatürlich und riesig war die Geschichte – zu weit von menschlichen Vorstellungen entfernt, um geglaubt zu werden [...]. Ich sagte, die Wut des tobendes Windes sei infernalisch gewesen – kakodämonisch [„cacodaemonical"] – und dass seine Stimmen fürchterlich klangen von der angestauten Bösartigkeit trostloser Ewigkeiten.[87]

Der Literaturwissenschaftler Gilles Menegaldo bemerkt dazu: „Hinter einer scheinbaren Verschiedenheit, hinter unbestimmten Formen und schillernden Farben findet man oft die gleichen Schemata, die gleichen stereotypen Situationen wieder, was auf eine etwas mechanische Verwendung des Themas und einen gewissen Mangel an Phantasie hinweist. Lovecraft hat zu oft Techniken angewendet, die schließlich beinahe langweilig und gekünstelt wirken: die sich wiederholenden Beschreibungen, Situationen, auch Personen, die zu stark typisiert sind und keinen psychologischen Tiefgang aufweisen."[88] Man könnte auch sagen, dass Lovecrafts Texte eine *zweidimensionale* Welt abbilden, in der die Zeit stillsteht und alles seltsam seicht und flach wirkt, obwohl der Autor nicht an Horrorrequisiten spart. Der Eindruck einer solchen zeitlosen Zweidimensionalität entsteht dann, wenn die künstlerische Arbeit im Wesentlichen das Ergebnis einer ganz bestimmten Art von Projektion ist, die weniger einem definierten Gestaltungswillen geschuldet ist, als vielmehr dem drängenden Bedürfnis Rechnung trägt, unerträgliche Gefühle auszulagern. Bei Lovecraft geschieht das geradezu eruptiv. Für diesen hochgiftigen Stoff (bestehend aus der „angestauten Bösartigkeit trostloser Ewigkeiten") braucht es in erster Linie ein starres *Gefäß*. Die Figuren seiner Geschichte sind lediglich *Träger* seiner Ängste und entwickeln kein Eigenleben. Vielmehr lassen sie es an Plastizität, Differenziertheit und emotionalem Reichtum fehlen. Ihre Schilderung geht mit stereotyper Wiederholung und ermüdender Redundanz einher, die ebenfalls ein Kriterium für Kitsch in der Literatur darstellen. Sehr prägnant auf den Punkt bringt der US-amerikanische Schriftsteller und Literaturkritiker Edmund Wilson seine Einschätzung der literarischen

Qualität Lovecraftscher Texte: „Das einzige wirkliche Grauen in den meisten dieser Erzählungen ist das Grauen schlechten Geschmacks und des Kitsches. Lovecraft war kein guter Schriftsteller. Der Umstand, dass man seinen geschwätzigen und gewöhnlichen Stil mit dem Poes verglichen hat, ist nur eines der vielen betrüblichen Anzeichen, dass beinahe niemand mehr dem Schreiben wirklich Aufmerksamkeit schenkt."[89]

Lovecraft, der an die eigene literarische Arbeit hohe Ansprüche stellte, war sich seiner Unzulänglichkeit durchaus bewusst. Immer wieder beklagte er in zahlreichen Briefen sein diesbezügliches Unvermögen, vernichtete den Großteil seiner Erzählungen und gab die Schriftstellerei zugunsten der schon erwähnten Korrespondenz vorübergehend ganz auf. Von „einem Gefühl hoffnungsloser Minderwertigkeit"[90] ist die Rede. Wie sehr Lovecrafts künstlerische Stagnation mit seinem eigenen Entwicklungsstillstand korrespondierte, lassen folgende Zeilen erahnen, die er an einen Briefpartner geschickt hat:

Manche scheinen sich im Alter in andere Personen zu verwandeln. […] Ich bin von der Sorte, die sich nicht verändert. Es gibt keine Geschmacksrichtung und kein Interesse in meiner gesamten Psychologie, die es in der einen oder anderen Form nicht schon gab, als ich 5 Jahre alt war. Mein Stil in Prosa und Dichtung ist grundsätzlich der gleiche wie im Alter von 11 oder 12, […] und meine zusammenhängende Erinnerung an diese so fernen Tage ist so scharf umrissen, dass ich mich in alle Gedanken und Gefühle aus jener Zeit versetzen kann.[91]

Lovecraft bleibt zeitlebens Gefangener seiner aus den Fugen geratenen frühkindlichen Erlebniswelt, in der sich Aggressions- und Verfolgungszustände in Albträumen manifestieren, die dann später das Gerüst seiner Erzählungen abgeben. Er verharrt, psychoanalytisch gesprochen, in einer Welt fantastischer Ängste, die sein inkohärentes Selbst mit Vernichtung bedrohen. Er liest begeistert Oswald Spenglers „Der Untergang des Abendlandes" und Hitlers „Mein Kampf", die ihn sowohl in seiner misanthropischen Weltsicht als auch in seinem Rassismus und Antisemitismus bestätigen. Ebenso holzschnittartig kultiviert er im Gegenzug (Dualität!) die uneinlösbare Fantasie eines Elysion; paradiesische Gefilde, die er vermeintlich hinter sich lassen musste und die er nicht müde wird, immer wieder heraufzubeschwören, wobei er sich derselben redundanten Mittel bedient, die er in seinen Horrorszenarien anwendet, nur eben mit anderen Vorzeichen. Es ist das Kippbild des Kitsches.

Überdies war ein seltsam beruhigendes Element kosmischer Schönheit in der hypnotischen Landschaft, durch die wir uns in phantastischem Auf und Ab bewegten. Die Zeit war in den Labyrinthen, die hinter uns lagen, verlorengegangen, und rings um uns breiteten sich nur die blühenden Wellen wunderbaren Feenzaubers und die wiedergewonnene Lieblichkeit entschwundener Jahrhunderte aus. Die ehrwürdigen Haine, die makellosen Weiden, eingefasst von leuchtenden Herbstblüten, und in weiten Abständen die kleinen braunen Gehöfte, die sich inmitten riesiger Bäume an den Boden schmiegten, unter steilen Abhängen voll von duftenden Dornbüschen und saftigem Wiesengras. Sogar das Sonnenlicht nahm einen überirdischen Glanz an, als ob eine besondere Atmosphäre oder Strahlung die ganze Gegend einhüllte. Ich hatte dergleichen nie zuvor gesehen, außer in den magischen Veduten, die manchmal bei frühen italienischen Meistern im Bildhintergrund zu sehen sind. Sodoma und Leonardo erdachten solche weiträumigen Landschaften, die man jedoch nur in der Ferne und durch geschwungene Renaissance-Arkaden sieht. Wir dagegen bahnten uns jetzt leibhaftig unseren Weg mitten durch das Bild, und ich glaubte, in seinem beschwörenden Zauber etwas zu entdecken, das ich von Geburt an gekannt oder ererbt und wonach ich immer vergeblich gesucht hatte.[92]

Dieses Zitat wird bei Houellebecq als Beleg für Lovecrafts „visionäre Kraft", seine „Feinfühligkeit" und die „leuchtende Tiefe" seiner Literatur angeführt. „Wir befinden uns hier in einem Moment, in dem die extreme Schärfe der sinnlichen Wahrnehmung kurz davor ist, eine Umwälzung der philosophischen Wahrnehmung der Welt auszulösen, anders gesagt, wir befinden uns inmitten der Poesie,"[93] heißt es im Vorwort zur Neuauflage von „Gegen die Welt, gegen das Leben". Und einige Kapitel später versteigt sich Houellebecq dazu, den Verfasser trivialer Schauergeschichten mit dem Philosophen der Aufklärung, Immanuel Kant, zu vergleichen.[94] Diese Einschätzung ist angesichts der Tatsache, dass Lovecraft kein abgegriffenes Klischee auslässt, wirklich erstaunlich: „Kosmische Schönheit", „hypnotische Landschaft", „ehrwürdige Haine", „makellose Weiden", „blühende Wellen wunderbaren

Feenzaubers","leuchtende Herbstblüten", „riesige Bäume", „duftende Dornbüsche" und „saftiges Wiesengras" werden vom „überirdischen Glanz des Sonnenlichts" illuminiert. Dazu „Zauber" und „Magie" als leere Behauptungen. Man fühlt sich an bestimmte Heftromane aus dem Arzt- und Adelsmilieu erinnert, nur dass die Liebesverirrungen und deren Protagonisten fehlen. Sie werden stattdessen von einsamen männlichen Helden ersetzt, die allesamt auf den Autor zurückweisen und sich als Kontrapunkt zur idealisierten Bilderbuchkulisse vorzugsweise in den stinkenden, schleimigen Urgründen „scheußlicher Jauchegruben"[95] aufhalten. In Lovecrafts Leben und in dem seiner Protagonisten gibt es nur „gute" (= idealisierte) und „böse" (= verfolgende) Beziehungen zur Welt und ihrer Bewohner, so wie er sich auch selber abwechselnd abgrundtief hasst, um im nächsten Moment den elitären Dünkel des „Herrenmenschen" an den Tag zu legen, der in Weltklugheit und Kultiviertheit Maßstäbe setzt. Spaltung und Projektion sind dabei seine am häufigsten verwendeten Werkzeuge, auch in der literarischen Arbeit. Dass Lovecraft selber mit seinen schriftstellerischen Resultaten nicht zufrieden war, spricht allerdings wieder für ihn. Das diffuse Unbehagen an den eigenen (Kitsch-)Erzeugnissen war in der Tat gerechtfertigt, und es ist erstaunlich, dass eben dieses, immer wieder von ihm formulierte Unbehagen bei vielen seiner späteren Leser und Exegeten ausgeblieben ist; namentlich bei Michel Houellebecq, der, fasziniert von Lovecrafts masochistischem Défätismus, den Kosmos seines literarischen Vorbildes mit unverhüllter Lust am Ekelerregenden folgendermaßen zusammenfasst:

Die Welt stinkt. Fisch- und Leichengestank. Gefühl des Scheiterns, hässliche Entartung. Die Welt stinkt. Unter dem anschwellenden Mond gibt es keine Phantome; es gibt nur aufgeblähte, aufgetriebene und schwarze Kadaver, die kurz davor sind, in einem widerlich stinkenden Kotzen zu explodieren.

Reden wir nicht vom Berühren. Es ist eine gottlose und abstoßende Erfahrung, die Wesen, die lebendigen Geschöpfe zu berühren. Ihre von hässlichen Ausschlägen geschwollene Haut sondert fauligen Eiter ab. Ihre mit Saugnäpfen versehenen Tentakel, ihre Greif- und Kauorgane sind eine beständige Bedrohung. Die Wesen und ihre grauenvolle körperliche Kraft. Ein amorphes und ekelerregendes Gebrodel, eine stinkende Nemesis halbabgetriebener Schimären, Blasphemie.

Diese Vision löst manchmal Schrecken in uns aus, eröffnet manchmal aber auch wunderbare Ausblicke auf eine märchenhafte Architektur. Aber leider haben wir fünf Sinne. Und die anderen Sinne tragen zu dem Eindruck bei, dass die Welt schlichtweg eine ekelhafte Sache ist.[96]

Wenn Kitsch mit Poesie und Liebe mit Sentimentalität verwechselt werden, und wenn das Sadistische und Ekelerregende lusterzeugend ist, befinden wir uns in der *perversen* Welt der umgekehrten Vorzeichen. Im ersten Akt von Shakespeares „Macbeth", der Geschichte über den Aufstieg und Fall eines tyrannischen und mordenden Heerführers, gibt eine der drei Hexen das Leitmotiv der düsteren Tragödie vor: „Fair is foul, and foul is fair" (schlecht ist recht, und recht ist schlecht). Die Umwertung aller Werte gebiert auch jene Ungeheuer, mit denen Lovecraft seine Erzählungen bevölkert; oder wie Houellebecq es mit dem der Sache eigenen Pathos formuliert: „Unerbittlich halten die Kräfte des Bösen Einzug in die friedliche Umgebung."[97] Zutreffend stellt er fest, dass die Lovecraftsche Mythologie eine Umkehrung der christlichen Ikonografie darstellt. Wenn in der Heiligen Schrift Christus die Menschheit durch seine Liebe errettet, taucht bei Lovecraft als Pendant ein „Neger" auf, der die Menschheit durch Bestialität und Lasterhaftigkeit „erlöst". Und so wie der Apostel Paulus die Wiederkunft Jesu ankündigt, geht es in Lovecrafts Geschichte „Cthulhus Ruf" darum, dass ein gleichnamiges mächtiges Wesen, welches vor mehreren hundert Millionen Jahren auf die Erde gekommen ist und zu den „Großen Alten" (= gottgleiche, unsterbliche außerirdische Wesen) gehört, ebenfalls wiederauferstehen wird, um eine Schreckensherrschaft über die gesamte Erde auszuüben, die den Tod allen Lebens zur Folge haben wird. Dieser Geschichte ist folgendes Zitat entnommen, das man auch als Pervertierung von Paulus' 1. Brief an die Korinther lesen kann: „Gott aber gibt ihm einen Leib, wie er will, und einem jeglichen Samen seinen eigenen Leib. [...] Es wird gesät in Unehre und wird auferstehen in Herrlichkeit. Es wird gesät in Schwachheit und wird auferstehen in Kraft."[98] In Lovecrafts perversem Kosmos kehrt der „Erlöser" ebenfalls zu den Menschen zurück, in deren Seelen allerdings nicht der Same der göttlichen Liebe, sondern der des Bösen schlummert. Abseits von Gesetz und Moral identifizieren sie sich mit den destruktiven Mächten, die auf die Erde zurückgekehrt sind und leben ihre bereits im Keim angelegte Zerstörungslust und Gewaltbereitschaft aus. Psychoanalytisch gesprochen könnte man diesen Zustand, in dem alle (kulturellen) Hemmungen wegfallen, auch als die totale Entsublimierung bezeichnen.

Der Mensch wäre dann wie die Großen Alten geworden: wild und frei jenseits von Gut und Böse; Gesetze und Moral wären dann niedergerissen, und alle Menschen brüllten, töteten und schwelgten in Lust. Dann würden ihnen die Großen Alten neue Wege zu brüllen, zu töten, zu schwelgen und zu genießen zeigen, und die Erde würde in Vernichtung, Ekstase und Freiheit flammen.[99]

Im letzten Absatz von „Gegen die Welt, gegen das Leben" unternimmt Houellebecq den Versuch, „das tiefe Geheimnis von Lovecrafts Genie und die reine Quelle seiner Poesie" zu enthüllen und gewissermaßen auf den Punkt zu bringen. Letztere reiche zurück bis in die „physische Niedergeschlagenheit seiner Jugend", schreibt Houellebecq über den von ihm bewunderten Autor, der „auf der Seite des Hasses und der Furcht" angesiedelt sei. Lovecraft, dessen Leben auch eine „Abfolge von banalen Enttäuschungen" hätte sein können, wenn er sie nicht einer „umgekehrten Zelebration" zugeführt hätte, sei dieser trübsinnigen Düsterkeit verpflichtet geblieben, indem er sie in seinem Werk verklärt hätte. Damit sei es Lovecraft gelungen, „seine Verabscheuung für das Leben in *greifbare* Feindseligkeit zu verwandeln". Die „ständige Opposition" gegenüber dem Leben sei gleichsam eine „ständige Zuflucht" vor demselben gewesen. Und darin, so Houellebecq, bestünde „die höchste Mission des Dichters auf dieser Erde".[100] Entsprechend lauten die Kapitelüberschriften der hier zitierten Monografie:

Die Erzählung wie einen glänzenden Selbstmord anlegen
Ohne zu Schwanken das große Nein zum Leben verkünden
Sie werden das Schema eines absoluten Wahnsystems zeichnen und schließlich
Gegen die Welt, gegen das Leben.

Damit kann man im Kern auch sehr treffend das spätere literarische Programm Michel Houellebecqs beschreiben, seinen demonstrativ zur Schau getragenen Ennui und die Attitüde des Antimodernisten, mit der er sich als Autor in der medialen Öffentlichkeit inszeniert, wobei er das Publikum und seine Kritiker auf eine noch nie dagewesene Weise polarisiert. Doch dazu später mehr. Zunächst möchte ich einen kleinen Schwenk in die Kaderschmiede eines jeden angehenden Berufsmisanthropen machen – in die Hölle des Kinderzimmers:

Während der Lektüre von Houellebecqs Essay, aber auch der entsprechenden Originaltexte von Lovecraft, die zu lesen ich mich überwinden musste (war ich doch ständig hin- und hergerissen zwischen Langeweile und einer hartnäckigen Aversion gegen die schon erwähnten Ekelkaskaden), kam mir immer wieder die eindrückliche Fallgeschichte zweier britischer Kinderpsychoanalytikerinnen in den Sinn, die ich einmal für einen Sammelband ins Deutsche übersetzt hatte.[101] Margot Waddell und Gianna Williams hatten sich auf dem Hintergrund der psychoanalytischen Theorien von Wilfred R. Bion und

Donald Meltzer mit dem Erscheinungsbild perverser psychischer Zustände befasst. Auf einer Londoner Tagung berichteten die beiden Therapeutinnen über den kleinen, vier Jahre alten Patienten „Nigel", dessen Behandlung sie als Supervisorinnen begleitet hatten und dessen denkwürdige Aussage „ich will Kacki-Essen haben und groß werden und sterbend leben" nun ständig durch meinen Kopf geisterte – insbesondere wenn ich auf Textstellen bzw. Neologismen stieß – wie jene, in der Lovecraft die „infernalische Wut des tobendes Windes" als *kakodämonisch* bezeichnet (s. o.). Nigel war während meiner Lektüre derart präsent, dass ich den erwähnten Text erneut las und die Fallvignette, der ich zum besseren Verständnis einige theoretische Prämissen voranstelle, an dieser Stelle rekapitulieren will.

Beginnen wir mit Wilfred R. Bion, dem wir wertvolle Beobachtungen über Qualität und Bedeutung der frühen Kommunikation zwischen Eltern und Baby verdanken. Er beschäftigte sich u. a. mit der Frage, wie der Mensch die Fähigkeit zu konsistentem Denken erlangt bzw. mit den Ursachen für den Missbrauch desselben im Dienste destruktiver Prozesse.[102] Laut Bion kann sich ein Kind nur dann gesund und störungsfrei entwickeln, wenn es ein Gegenüber hat (meistens Mutter und Vater), das dazu in der Lage ist, seine Gefühle und Bedürfnisse in ausreichendem Maße („good enough") zu verstehen, zu ertragen, zu benennen und adäquat zu beantworten. Jeder, der schon einmal ein Baby versorgt hat, kennt die Ratlosigkeit, die einen überfallen kann, wenn das kleine Wesen verzweifelt oder wütend schreit, so als wisse es selber nicht, was es denn eigentlich plagt. Diese undifferenzierten Unlustgefühle, die das Baby wie eine gefährliche innere Bedrohung wahrnimmt, müssen von der Mutter oder einer anderen Bezugsperson in etwas „Verdauliches" umgewandelt werden. Die Angst verschwindet, wenn der Erwachsene dazu in der Lage ist, intuitiv zu erfühlen und darüber nachzudenken, was dem Kind fehlen könnte und ihm diese Gedanken (nebst Nahrung, sauberen Windeln etc.) als (Er-)Lösung aus seiner schrecklichen Lage anbieten kann. Bion nennt das einfühlende Verstehen „Containment", weil der Erwachsene im besten Fall wie ein „guter Container" alle Gefühle des Babys in sich aufnimmt, sie ordnet und mit Sinn erfüllt wieder zurückgibt. Dieser Vorgang, der sich etliche Male am Tag wiederholt, wird sich im Laufe der Zeit in der Psyche des Kindes etablieren, was dazu führt, dass es immer besser vermag, Bedürfnisse aufzuschieben und Frustrationen zu ertragen. Es entwickelt sich sukzessive eine Vorstellung von Raum und Zeit; und zwar einem Raum, der mit Gedanken gefüllt werden kann, wenn die Bezugsperson nicht da ist, aber erwartet werden kann, bis sie zurückkehrt. Gleichzeitig müssen Erwartungen, die auf diese Erfahrungen aufbauen, ständig mit der Realität abgeglichen werden. Das, was ich mir wünsche und vorstelle, deckt sich ja nicht immer mit dem, was ich dann tatsächlich erlebe und bekomme. Es formen sich also Vorstellungen über das, was ist und das, was sein könnte. Für Bion ist dieser Vorgang die Bedingung für das Entstehen sowohl von Kreativität als auch der Toleranz, Unbekanntes und Nicht-Wissen zu ertragen. Er weckt die Suche nach Erkenntnis und Wahrheit.

Wenn Kinder am Anfang ihres Lebens kein um Verständnis bemühtes Gegenüber haben oder die Eltern nicht ausreichend dazu in der Lage sind, oben beschriebene Container- und „Verdauungsfunktionen" für das Baby zu übernehmen, die es ihm ermöglichen würden, einen „Apparat zum Denken von Gedanken" (Bion) zu entwickeln, kann es langfristig zu gravierenden psychischen Störungen kommen, bis hin zur Psychose, die umgangssprachlich als „Wahnsinn" bezeichnet wird. In diesem Wort klingt bereits an, dass man als Außenstehender mit den vom „Wahnsinn" befallenen Menschen keinen Konsens mehr über Fragen von Sinn und Bedeutung herstellen kann. Aber auch in weniger schwerwiegenden Fällen kommt es zu einer tendenziell destruktiven Verarbeitung von Selbst- und Fremdwahrnehmung und zu einer absurden Verknüpfung oder Umkehrung von Tatsachen. An die Stelle von „Verstehen" tritt „Missverstehen". Undifferenzierte, weil nicht in Sinnhaftes transformierte, beunruhigende Empfindungen entwickeln ein unkalkulierbares Eigenleben. Der Betroffene steht mit seiner Umgebung nicht in Verbindung und kann daher keinen Realitätsabgleich vornehmen. Er neigt dazu, bedrohliche Vorgänge in seinem Inneren zu verabsolutieren bzw. zu *erotisieren;* ein Geschehen, das nicht selten mit der Illusion narzisstischer Omnipotenz einhergeht. Die Erzählungen Lovecrafts illustrieren eindrucksvoll, wie sich eine ängstliche und hassdominierte Grundstimmung, die sich aus früher psychischer Verwahrlosung speist, letztlich in eine *lustvolle* Besetzung mörderischer Szenarien umschlagen kann. Stephen King, der im Gegensatz zu Houellebecq und anderen Rezipienten *nicht* der Meinung ist, dass Lovecraft frei von sexuellen Impulsen war, bemerkt in seinem Vorwort zu „Gegen die Welt, gegen das Leben": „Man könnte behaupten, dass solche ‚großen Texte' wie *Das Grauen von Dunwich* und *Berge des Wahnsinns* von Sex und sonst von nicht viel handeln. Und dass wir in Cthulhu einer gigantischen, mit Fangarmen ausgestatteten Killervagina begegnen, die außerhalb von Zeit und Raum ist."[103] In dieser von Stephen King lediglich in Form einer Fußnote geäußerten Randbemerkung ist in der Tat alles enthalten: Der Wahnsinn, die Umkehrung einer behütenden Mutter in eine mörderische und kastrierende Vagina dentata, die Erotisierung des Tötens und des Grauens sowie die oben im Zusammenhang mit Lovecrafts Kitschproduktion bereits erwähnte Zweidimensionalität (Abwesenheit von Raum und Zeit), die gleichzeitig eine Verleugnung der eigenen Endlichkeit darstellt.

Doch nun zu Nigel, der in seinen „perversen psychischen Zuständen völlig gefangen" und in eine Allianz mit dem destruktiven Teil seiner selbst eingebunden war, an der er süchtig festhielt.[104] Diesen Teil nannten er und sein Therapeut den „Wirrwarr-Nigel", von dem sich stetig wiederholende Sätze kamen, wie „Kacki ist köstlich, gutes Essen", oder „eine Schweinerei machen, ist wundervoll". Dabei teilte Nigel mit, dass er gerade damit beschäftigt sei, „Kackografien" (*poohtographs*) anzufertigen. Seine Slogans erinnerten an Orwells Roman „1984", in dem ein „Wahrheitsministerium" über das Radio als Wahrheit getarnte Lügen verbreitet, wie „Krieg ist Frieden", „Freiheit ist Sklaverei", oder „Unwissenheit ist Stärke". Auch Nigel fütterte sich selbst mit „Kacki-Lügen", was sein Kackografie-Wortspiel eindrücklich zeigt. Seine innere und äußere Realität nahm er durch den Filter eines „Anti-Gedanken-Wirrwarrstifters" (*anti-thought-muddler*) wahr, mit dem er sich rückhaltlos verbunden fühlte. Er war, um noch einmal Bion zu zitieren, nicht mit einem verstehenden, sondern mit einem nicht verstehenden Objekt identifiziert. Die Gründe dafür werden von Waddell und Williams nur angedeutet. Die Mutter des kleinen Patienten hatte sich aufgrund einer postpartalen Depression nicht adäquat um ihr Baby kümmern können. Offenbar stand für Nigels emotionale Versorgung außer ihr niemand anderer zur Verfügung, sodass er sich von der Außenwelt zurückgezogen und sich stattdessen einer äußerst fragwürdigen Quelle der Sicherheit zugewendet hatte, nämlich seinem destruktiven Selbstanteil, dem geliebten und von ihm idealisierten Wirrwarrstifter. Er war dessen Sklave geworden und hatte mit ihm eine Anti-Entwicklungsallianz geschlossen. „Nie, nie, nie würde er die Toilette benutzen", betonte Nigel, der mit vier Jahren noch Windeln trug. Gleichzeitig verfügte er über eine herausragende Intelligenz. Ähnlich wie Lovecraft hatte er sich mit nur drei Jahren selber das Lesen beigebracht, war also in bestimmten Bereichen seiner Entwicklung überdurchschnittlich fortgeschritten. Allerdings stellte er seine Intelligenz in den Dienst des Wirrwarrstifters. Sein immens großer Sprachschatz war durchsetzt von Wortneuschöpfungen (Neuprägungen aus Wortfragmenten mit ähnlichem Klang), Sinnverdrehungen und Wortspielen, einem undurchdringlichen „Neusprech", das nicht der Verständigung diente, sondern dem Vorhaben geschuldet war, Macht über andere auszuüben.

So rief er, drohend mit einem Lineal herumfuchtelnd, in einer Therapiesitzung aus: „There is only one ruler!"[105] Das englische Wort für „Lineal" ist „ruler", was auch „Herrscher" heißt. Sein Therapeut fühlte sich in dieser Situation an Lewis Carrolls Roman „Alice hinter den Spiegeln" erinnert, indem Humpty Dumpty die Deutungshoheit der Sprache für sich folgendermaßen reklamierte: „Wenn ich ein Wort benutze, [...] bedeutet es genau das, was ich will, nicht mehr und nicht weniger." Hier liegt es nahe, eine Analogie zu Lovecraft zu ziehen. Im Kontext seiner Kurzgeschichten hatte er das Buch „Necronomicon" erfunden, ein fiktiver Schöpfungs- und Weltentstehungsmythos samt dämonischer Kosmologie, den er bis in das frühe Mittelalter zurückreichen lässt – samt angeblicher Übersetzung erst aus dem Griechischen ins Lateinische, dann in die englische Sprache. Die darin vorkommenden Götter tragen bizarre Namen, wie „Azathoth", „Cthulhu", „Nyarlathotep", „Shub-Niggurath", „Tsathoggua" oder „Yog-Sothoth", was ihnen wohl etwas Düster-Gravitätisches verleihen soll. Lovecrafts Genealogie entbehrt jeglicher augenzwinkernder Ironie, wie man sie beispielsweise in der fantastischen Welt von J. R. R. Tolkiens „Der Herr der Ringe" („Bilbo Beutlin") vorfindet oder im magischen Universum der „Harry-Potter" Geschichten von Joanne K. Rowling (man denke an „Albus Dumbledore" und die „Maulende Myrte"). Der im wahrsten Sinne des Wortes *tod*ernste pseudowissenschaftliche und pseudoreale Impetus, der dem „Necronomicon" anhaftet, wirkt auf manche Leser Lovecrafts dann auch tatsächlich so authentisch, dass im Internet ernsthaft eine Diskussion über die Frage entbrannt ist, ob es das Buch wohl wirklich gegeben habe.[106] Unzweifelhaft gegeben hat es das 1886 erschienene und gleich nach seiner Erstpublikation in sieben Sprachen übersetzte Werk „Psychopathia Sexualis" des deutschen Psychiaters und Rechtsmediziners Richard von Krafft-Ebing (1840–1902). Dem berühmten Arzt und Verfasser klinisch-forensischer Studien, der unter anderem über den Zusammenhang von Syphilis und Paralyse geforscht hatte (also der Krankheit, der auch Lovecrafts Vater zum Opfer gefallen war), verdankt die Nachwelt nicht nur den Begriff des „Masochismus", sondern auch den der „Nekrophilie" für die sexuelle Schändung von Leichen. Es liegt nahe, dass der wissenschaftsinteressierte Lovecraft, der sich auch mit Freud und der Psychoanalyse (wenn auch ablehnend) beschäftigt hat, den Text von Krafft-Ebing kannte und die „Nekrophilie" daher im „Necronomicon" gleichsam widerhallt. Dass die Horrorgeschichten von Lovecraft eine sexuelle Konnotation haben, wurde bereits erwähnt. Allerdings findet sich diese immer im Kontext einer perversen Inszenierung, die Houellebecq als „umgekehrte Fleischwerdung" bezeichnet hat. Frauen bringen in einer „schrecklichen Umkehrung der christlichen Thematik monströse Kreaturen zur Welt", denn „das Böse (ist) aus einer widernatürlichen fleischlichen Vereinigung hervorgegangen".[107] Am 27. September 1919 schreibt Lovecraft an Reinhardt Kleiner, einen seiner ersten Briefpartner: „Natürlich bin ich nicht mit den Phänomenen der Liebe vertraut, außer durch oberflächliche Lektüre."[108]

Auch Nigel hatte keine Vorstellung von fruchtbaren, auf gegenseitiger Liebe und wechselseitigem Verständnis basierenden Beziehungen. Wie sollte er auch? Vielmehr war er in seinen destruktiven, von Neid dominierten ödipalen Fantasien gefangen, denen per se eine Verleugnung der elterlichen Sexualität zugrunde liegt. Sein innerer Wirrwarrstifter flüsterte ihm ein, dass Väter keine Babies machen, sondern allzeit dazu bereit sind, Babies zu töten, so wie er auch selber ständig Attacken gegen fruchtbare Verbindungen ritt. „Baby tot, Baby tot, Babies töten", rief er aus, während er ein Buch zerstörte. „Töte sie, verbrenne sie, begrabe sie in der Erde!" Ein anderes Mal zerriss er eine bedruckte Seite „in voller Absicht und mit ruckartigen Bewegungen", die seinen Therapeuten an das sadistische Ausreißen von Insektenflügeln erinnerte.[109] Im Behandlungszimmer setzte er sich gerne als kleiner Wissenschaftler (sein Vater war tatsächlich einer) in Szene, indem er seinen Forscherdrang, seine Wissbegierde und seine ausgeprägte Intelligenz in den Dienst des „Negativismus, des Sadomasochismus und der Karikatur" stellte. Dazu bemerken Williams und Waddell: „Diese Elemente [...] fungieren unter der Ägide eines destruktiven Teil des Selbst und stehen im Dienste der Verzerrung und des Angriffes auf die Wahrheit. Wir verstehen sie als die essentiellen Merkmale psychischer Zustände, die wir als *pervers* bezeichnen, einer negativen Karikatur von Objektbeziehungen. Die Kern-Phantasie besteht darin, Babies zu töten statt sie zu behüten, was einer indirekten Form des Angriffes auf das Innere des mütterlichen Körpers gleichkommt. [...] Die süchtige Qualität der perversen psychischen Zustände tritt besonders dann sehr deutlich zutage, wenn Patienten die ersten Versuche unternehmen, sich von der Dominanz eines inneren *Big brother* loszusagen."[110] Zur Illustration dieser Praxisbeobachtungen führen die Autorinnen weitere Behandlungssequenzen bzw. Traumanalysen aus der Arbeit mit Erwachsenen an. Ein dabei immer wiederkehrendes Motiv ist die Bildung bösartiger Banden, die vornehmlich an finsteren Orten wie Höhlen, Katakomben, Schächten oder Kellern, also in der Unterwelt, ihr Unwesen (man könnte auch sagen: ihre *Schweinereien*) treiben. Diese Orte rufen nicht von ungefähr anale Assoziationen hervor, geht es in diesen Zusammenhängen doch oft um ein heimliches *von hinten* oder *unten* Hineinschleichen (in Gebäude) bei gleichzeitigem Spionieren und hinterlistigem Belauschen.[111] Zur Erinnerung: „Ich will Kacki essen und lebend sterben", hatte der kleine Nigel ausgerufen. Wenn Patienten schließlich beginnen, die Therapie als eine Möglichkeit wahrzunehmen, ihre perverse psychische Verfasstheit („perverse states of mind") zu überwinden und die imaginierten Folterkeller aufzugeben, werden sie in ihren Träumen häufig von einer Art brutalen Mafiaclique, deren Mitglied sie sind oder waren, daran gehindert, den Schauplatz des Schreckens zu verlassen. Sehr eindrücklich illustriert dies der Traum des 18-jährigen Patienten Charles:

Er befand sich innerhalb einer Gruppe von Männern, die damit beschäftigt waren, aus einem langen metallenen Schacht (sic!) *eine Bombe herauszuziehen. Charles wurde angst und bange. Am liebsten wäre er weggelaufen, aber der Anführer der Gruppe hielt ihn mit fester Hand zurück und sagte: ‚Jetzt steckst du mit drin, und nun musst du auch bleiben.' Charles war nicht dazu in*

der Lage, ungehorsam zu sein oder den Befehl zu hinter-
fragen. Er fuhr mit dem Herausziehen der Bombe fort.
Dann fand er sich mit derselben Gruppe (genauer: der
Terroristenbande) auf einem Flughafen wieder, wo sie
die Bombe deponieren sollten. Sie legten sie unter einen
Schalter, die Explosion stand kurz bevor. Als sie sich aus
dem Staub machten, warf Charles noch einen Blick auf
die Menschen im Flughafen und sah dabei ihre Leichen
vor sich, wie sie nach der Explosion aussehen würden.[112]

Charles ist ebenso Geisel seiner destruktiven inneren Organisation wie Lovecraft, dem es auch nicht gelungen
war, dem paranoiden Kosmos aus Selbst- und Fremden-
hass zu entfliehen. Wie oben bereits erwähnt, benutzte
Lovecraft als Vorlage für seine Horrorgeschichten die
eigenen Albträume. So wird sein namenloses Alter ego
aus der (Traum-)Erzählung „Gefangen bei den Phara-
onen" in die „bodenlosen Tiefen der Erdeingeweide"
verschleppt, in „enge Innenschächte der Pyramiden" ge-
zerrt. Auch er ist ein permanent Verfolgter, der sich der
Gesellschaft abscheulicher Gestalten, welche er selber
unentwegt heraufbeschwört, nicht entledigen kann.

Ich sah das Grauen und das heillose Alter Ägyptens und
die grauslige Allianz, die es immer mit den Gräbern und
Tempeln der Toten geschlossen hatte. Ich sah geisterhafte
Prozessionen von Priestern mit den Köpfen von Stieren,
Falken, Katzen und Ibissen; geisterhafte Prozessionen,
die endlos durch unterirdische Labyrinthe und titanische
Säulenhallen marschierten, neben denen der Mensch
eine Mücke ist, und unbeschreiblichen Göttern unnenn-

bare Opfer darbrachten. Steinkolosse marschierten in nicht endender Nacht und trieben Herden grinsender Androsphingen zu den Ufern unermesslicher stockender Pechflüsse. Und hinter alldem sah ich die unsägliche Verruchtheit uranfänglicher Nekromantie, schwarz und amorph, und in der Dunkelheit hinter mir her tappend, um dem Geist das Maul zu stopfen, der es gewagt hatte, sie mit seinem Wetteifer zu verhöhnen.[113]

Menschen wie Charles, Nigel oder Lovecraft laufen Gefahr, „Sklaven eines Teils des Selbst (zu werden), der sie beherrscht und umklammert und nicht entkommen lässt, auch wenn sie sehen, dass draußen […] das Leben winkt“.[114] Meistens funktionieren sie relativ reibungslos auf der Ebene der Konformität, sind beruflich erfolgreich und stellen in der Gesellschaft etwas dar. Philistertum, Zynismus und Selbstgerechtigkeit verhindern zwar befriedigende (Liebes-)Beziehungen, wirken jedoch auch bisweilen karrierefördernd. Auch wenn das emotionale Gleichgewicht ständig von Verfolgungsängsten bedroht ist, ist es dennoch möglich, sich in diesem Zustand einzurichten und sogar auf eine bestimmte Weise davon zu profitieren. Lovecraft hat daraus Literatur gemacht. Und wie erfolgreich man mit dem zweifelhaften Geschick, Hass, Lügen und Ressentiments zu erzeugen, außerdem noch sein kann, sieht man derzeit wieder besonders deutlich am Erstarken rechtspopulistischer und neofaschistischer Bewegungen. Deren politische Führer genießen große Popularität und mediale Aufmerksamkeit, wobei der Kitsch ein unverzichtbarer Bestandteil ihrer Inszenierung ist.[115] Allerdings zahlen die Akteure für ihre

Erfolge häufig einen hohen Preis. Mitglieder totalitärer Gruppierungen kennen keine Rücksicht. Sie tendieren dazu, sich gegenseitig zu zerfleischen und sich kaltblütig ihrer Gründerfiguren zu entledigen, wenn es denn gilt, den eigenen Machterhalt zu sichern (man denke an den Personalverschleiß bei der AFD). Auf der individuellen Ebene geht es ähnlich selbstdestruktiv zu. Hier können wir verstärkt Depressionen, Suizidalität (Lovecraft hatte angeblich immer Zyankali dabei) und alle Spielarten der Sucht nebst ihrer desaströsen Folgen beobachten. Oder um es noch einmal mit Nigels Worten auszudrücken: Wir können sehen, wie es ist, „groß zu werden und lebend zu sterben".

Houellebecqs „Jagd nach Glück"

Dem Leben in all seinen Formen eine Alternative zu bieten, eine ständige Opposition gegenüber dem Leben, eine ständige Zuflucht vor dem Leben zu sein: Das ist die höchste Mission des Dichters auf dieser Erde. Howard Phillips Lovecraft hat diese Mission erfüllt.[116]

Mit diesen Sätzen, denen beinahe etwas Religiöses anhaftet („höchste Mission"), beschließt Houellebecq seinen Essay über H. P. Lovecraft. Er muss dessen Texte als junger Mann aufwühlend und provokant gefunden haben und punktgenau seine eigene seelische Gestimmtheit wiederspiegelnd: „Wir lesen seine Geschichten in der gleichen Geistesverfassung, die ihn zum Schreiben veranlasst hat"[117], heißt es an einer Stelle bei Houellebecq. Und auf dem Hintergrund eines durchlaufenden Basso continuo der Bewunderung singt er schließlich ein Loblied auf die Geburt der Horrorliteratur aus dem Geiste der Neurose. Lovecrafts Erzähltechniken werden als „klar, neu und kühn" beschrieben. Der „dramatischen Struktur" seiner „großen Texte" bescheinigt Houellebecq „beeindruckenden Reichtum". Und er vermeint eine „verzehrende innere Kraft" zu erkennen, die sich aus einem fortgesetzten Zustand des privaten Unglücks speist und „den Mittelpunkt des Ganzen" bildet.[118] Daher widmet Houellebecq der *Biografie* seines literarischen Vorbildes einen großen Raum. Aus seiner Sicht ist Lovecrafts Lebensgeschichte mit seinem Werk insofern eng verbunden, als das Leiden an der Welt der Motor für Lovecrafts Schreiben war. Das trifft auch für den Autor Houellebecq zu, denn bei aller Verschiedenheit der Lebensumstände ähneln sich die Biografien der beiden Schriftsteller in vielerlei Hinsicht: Der im Jahr 1956 oder 1958[119] auf der Insel La Réunion als Sohn eines Bergführers und einer Ärztin geborene Michel Houellebecq war in seiner Kindheit und Jugendzeit, ebenso wie der von ihm bewunderte Lovecraft, herausfordernden Lebenssituationen ausgesetzt. Von den Eltern vernachlässigt, verbrachte er die ersten Lebensjahre bei seiner Großmutter mütterlicherseits, die in Algerien lebte. Später wird er seine frühe Kindheit – und auch darin tut er es Lovecraft gleich – als „paradiesisch" erinnern. Als er sechs Jahre alt war, ließen sich die Eltern scheiden, nachdem Houellebecqs Mutter, die eine libertäre Auffassung von Sexualität vertrat, von einem anderen Mann schwanger geworden war. Für ihren Sohn bedeutete dies nicht nur einen erneuten Umzug in ein ungewohntes soziokulturelles Umfeld, diesmal nach Paris, wo er wieder bei einer Großmutter (väterlicherseits) einquartiert wurde, sondern auch eine lebenslang währende, von extremer Hassliebe grundierte Enttäuschung über die Mutter, die ihn abgeschoben und für ein unabhängiges, sexuell selbstbestimmtes Leben im Stich gelassen hatte. Später wird er ihren Nachnamen ablegen und stattdessen den der Großmutter annehmen.

Houellebecq scheint ein einsames, aber intellektuell frühreifes Kind[120] und ein stark leidender, sozial isolierter Jugendlicher gewesen zu sein, wenn man seinen zahlreichen Interviews sowie den autobiografischen Bezügen in seinen Gedichten, Essays und Romanen folgt. Als heranwachsender junger Mann fühlte er sich einsam, unattraktiv und ohne sexuellen „Marktwert". Er kompensierte diesen Zustand durch einen unstillbaren Lesehunger (literarische Klassiker, Philosophie, aber auch naturwissenschaftliche Bücher) und der Beschäftigung mit Film, Fotografie und bildender Kunst. Es ist wohl nicht übertrieben festzustellen, dass er daraus in seiner Postadoleszenz eine ins Selbstgerechte changierende Überheblichkeit entwickelte, wie sie auf dem Nährboden demütigender Erfahrungen besonders gut gedeiht. Eine erste Ehe, aus der ein Sohn hervorging, zu dem Houellebecq wenig Kontakt hatte, scheiterte, und eine unglückliche Berufswahl (Agraringenieur und Informatiker) führte ihn schließlich in die Arbeitslosigkeit, verbunden mit einer depressiven Erkrankung. Zeitweilig musste er sich in stationäre psychiatrische Behandlung begeben. Sucht in fast allen Spielarten (Alkohol, Nikotin, Medikamente, Sex) und latente Suizidalität waren seine ständigen Begleiter und sind es wohl zum Teil heute noch, falls man den öffentlichen Selbstinszenierungen des Schriftstellers Glauben schenken kann. Zahlreiche Interviewpartner berichten von ihrer Begegnung mit einem verwahrlosten, betrunkenen, kettenrauchenden Autor in deprimierender Umgebung, der sie oft über lange Zeiträume hinweg anschwieg und damit für die Betroffenen jedes Gespräch zur Qual werden ließ. Einen ansonsten nicht zu Gewaltausbrüchen neigenden Journalisten brachte er damit dermaßen in Rage, dass dieser bei der anschließenden gemeinsamen Autofahrt die Fantasie hatte, den neben ihm im Alkoholdelirium vor sich hin schnarchenden Houellebecq bei voller Fahrt aus dem Auto zu schubsen. Anhand dieser skurrilen Geschichte lässt sich erahnen, welches Ausmaß an Aggression Houellebecq, der von der Wochenzeitschrift „DIE ZEIT" auch schon einmal als „Weltekelpaket" bezeichnet wurde,[121] zu entfachen in der Lage ist. Abgesehen von einem bizarren Verhalten sowie dem schon erwähnten ausgeprägten Alkohol- und Zigarettenkonsum, ist auch seine Vorliebe für trostlose Vorstadtsupermärkte und billige Fertiggerichte aus der Mikrowelle legendär und wird von ihm in einer Art Fast-Food-Dauerschleife in beinahe sämtliche seiner literarischen Manifestationen eingeflochten. Das provokante, Leser wie Kritiker hochgradig polarisierende Kokettieren mit beinahe *allem*, was das bürgerliche Publikum nur irgendwie verstören könnte, hat er zu seinem Markenzeichen gemacht und sich damit durchgängig eine negative Form von Aufmerksamkeit gesichert, wie man sie im Literaturbetrieb bislang nur selten in diesem Ausmaß antreffen konnte. „Wie leuchtende, heulende Bojen tanzen Sätze, Meinungen, Ideen Houellebecqs auf den Wassern des Diskurses."[122] Dabei verschwimmen Leben und Werk in einer verwirrenden Weise, die vom Autor durchaus intendiert ist. Mehrere der Hauptfiguren seiner Romane heißen „Michel" und weisen mit ihrem Urheber biografische Übereinstimmungen auf. In „Karte und Gebiet" tritt Houellebecq überhaupt als der in Erscheinung, der er ist. Das Buch endet mit der blutrünstigen Ermordung des Autors, wobei dem Leser kein sadistisches Detail dieser Hinrichtung (Enthauptung mittels Laserschneider) erspart bleibt. Auch in dem 2014 erschienenen halbdokumentarischen Film „Entführung des Michel Houellebecq" von Guillaume Nicloux gefällt sich der prominente Schriftsteller in der Rolle des Gequälten, die jedoch ironisch gebrochen wird, weil sich das „Opfer" von seinen Entführern zwar erst einmal brutal fesseln und in einer sargähnlichen Kiste abtransportieren, dann aber umfassend verwöhnen (man organisiert ihm Zigaretten, Alkohol, einen Arzt und eine Prostituierte) und bestens unterhalten lässt. Die implizite Botschaft des Films lautet: *Gewalt ist Zuwendung*. Oder um noch einmal an Shakespeares Macbeth (s. o.) zu erinnern: „Fair is foul, and foul is fair." Hier stellt die Attraktivität der verbrecherischen Bande, wie sie uns bereits in der Fallgeschichte von Waddell und Williams begegnet ist, wieder ihre durchschlagende Anziehungskraft unter Beweis und setzt dem „schadenfrohen Einverständnis mit dem eigenen Untergang"[123] ein weiteres Schlaglicht auf.

Bevor Houellebecq jedoch Houellebecqdarsteller in einem Houellebecq-Entführungsfilm werden konnte, musste er zu Beginn seiner Karriere als Autor einen steinigen Weg zurücklegen. Nicht sehr glücklich mit seinem erlernten Beruf, begann er in den frühen neunziger Jahren Gedichte zu schreiben, bevor er 1998 endlich seinen ersten Roman „Ausweitung der Kampfzone" veröffentlichen konnte. Sein Buch, das sich einer konventionellen literarischen Ästhetik bewusst entzog, wollte „Kunsterwartungen unterlaufen" und kam „flach, grob und hässlich" daher, sodass es sich „zum großen Roman verhielt wie die schmutzigen Graffiti auf einem Brückenpfeiler an der Autobahn zu den bedeutenden Werken der bildenden Kunst".[124] Die Literaturkritikerin Iris Radisch sprach von einem „irgendwie abwaschbaren Berichtstil" mit „merkwürdig onkelhaften Tönen",[125] und ein anderer Rezensent stellte fest, dass „[…] der bewusst nachlässige Stil […] die Tristesse [steigert], von der man beim Lesen erfasst wird, die Qualen der Sexualität werden durch die quälende Banalität der Sätze noch verstärkt".[126] Dies waren wohl einige Gründe dafür, dass Houellebecqs Manuskript über Jahre hinweg von den Verlagen immer wieder abgelehnt worden war, bis der schmale Band schließlich bei Éditions Maurice Nadeau erschien. Und es sollte noch einmal Jahre dauern, bis das Buch schließlich doch ein Erfolg wurde. Entgegen der Gesetzmäßigkeiten des Literaturbetriebes, der auf werbewirksame Verlagsstrategien setzt, verbreitete sich die „Ausweitung der Kampfzone" auf informellen Wegen durch Mundpropaganda und private Empfehlungen. Houellebecqs hasserfüllte Anwürfe gegen eine (sexuell) libertäre Gesellschaft auf dem Hintergrund der 68er-Bewegung, die illusionslose Beschreibung provinzieller Ödnis und ihrer daueralkoholisierten, notgeilen Verlierertypen sowie die ausgeprägte Wehleidigkeit des Verfassers, die lustvoll zur Schau gestellt wird, schienen den Nerv vieler Leser (vor allem der männlichen) getroffen zu haben. Seine Antihelden, die ewig zu kurz Gekommenen mit Hang zur pathetischen Selbstinszenierung, laden zur Identifikation ein, weil sie einen krassen Kontrapunkt zu jener Welt des schönen Scheins setzen, in der äußerliche Attraktivität als Universalwährung gilt, und von der sich tatsächlich viele Menschen ausgeschlossen fühlen. Ein Skandalautor mit Geheimtippqualität war geboren, woraufhin auch die Schwungräder der Werbemaschine endlich in Gang kamen und für den gewinnbringenden Absatz aller weiterer Veröffentlichungen des Autors sorgten – in Anbetracht seiner mantrahaft vorgetragenen Kapitalismuskritik, ein einigermaßen paradoxer Vorgang. Houellebecq blieb jedenfalls auch als Literatikone und Großverdiener (mit Ausweichdomizil in der Steueroase Irland) seiner Rolle als Enfant terrible treu und bedient den Markt bis heute kontinuierlich mit kalkulierten Tabubrüchen, zu denen seine Aufreger-Interviews gehören wie das Skelett in die Geisterbahn. Dabei ist das Spektrum der behandelten Themen überschaubar. Die zentralen Aussagen in Houellebecqs Texten sind schnell rekapituliert:

—Bedingt durch den Neoliberalismus und die sexuelle Befreiung der Frauen im Rahmen der 68er-Bewegung haben die zwischenmenschlichen Beziehungen Warencharakter angenommen und funktionieren ausschließlich nach den Regeln des Marktes. Ehe und Familie sind obsolet geworden. Statt Liebesglück gibt es nur Tristesse, Langeweile und seelisches Brachland. Sexuelle Freizügigkeit und liberale Lebensformen haben die Gesellschaft zerstört und dazu geführt, dass sie in lauter individualistische Atome (sprich: „Elementarteilchen") zerfallen ist.

—Nur die Jungen und Schönen können sich in diesem Konkurrenzkampf behaupten und finden einen Sexpartner. Die sich in der Überzahl befindenden Alten (alt ist man bereits ab 30) und Hässlichen, die Deprimierten und Erfolglosen gehen leer aus. Ihnen bleibt entweder die Pornografie nebst exzessiver Masturbation oder die totale Abkehr von sexuellen Bedürfnissen, der Suizid oder der Rachemord an den sexuell Überlegenen (wie in Houellebecqs erstem Roman „Ausweitung der Kampfzone").

—Der Sextourismus in wirtschaftlich unterentwickelte Länder bietet für diese Misere eine perfekte Lösung im Sinne von Angebot und Nachfrage. In diesem Tauschhandel, der eine Win-win-Situation darstellt, kommen frustrierte Westeuropäer und „willige Asiatinnen", die gerne gutes Geld verdienen, gleichermaßen auf ihre Kosten (so beschrieben im Roman „Plattform").

—Der Wert einer Frau bemisst sich daran, welchen Nutzen sie für Männer hat. Es gibt drei Kategorien von Frauen: Käufliche (s. o.), Entbehrliche (die nicht mit Männern schlafen wollen) und Frauen, deren Ziel es ist, Männer, welche als monologisierende, beziehungsunfähige Monaden geschildert werden, glücklich zu machen. Frauen mit Glückspotenzial sind rar, und wenn sie in Houellebecqs Romanen einmal auftauchen, dann ist ihre Präsenz nicht von Dauer. Entweder sie sterben an Gebärmutterhalskrebs (in „Elementarteilchen"), verunfallen tödlich (ebd.) oder verschwinden auf nimmer Wiedersehen ins Ausland (sowohl in „Karte und Gebiet" als auch in

„Unterwerfung"). Daraus folgt, dass jedes Glücksverlangen zum Scheitern verurteilt ist.

—In der emotionalen Wüste der Houellebecqschen Versagerlandschaft gibt es kein positives Mutter- oder Elternschaftsmodell. Attraktive, beruflich erfolgreiche Frauen entscheiden sich – wie es auch die Mutter des Autors tat – für sexuelle Unabhängigkeit und ungehemmte Promiskuität. Dies geschieht auf Kosten der Kinder, die entweder gar nicht erst gezeugt, oder aber, wenn vorhanden, wie einst der kleine Michel zu den Großmüttern abgeschoben werden. Väter kommen praktisch nicht vor, aber wenn sie in Erscheinung treten, dann sind sie verantwortungslos und an ihrem Nachwuchs nicht interessiert. In „Elementarteilchen" lässt Houellebecq sein Alter Ego Michel sagen: „In Wirklichkeit haben sich die Männer nie für ihre Kinder interessiert, haben nie Liebe für sie empfunden, überhaupt sind Männer unfähig, Liebe zu empfinden, das ist ein Gefühl, das ihnen völlig fremd ist. Sie kennen nur Begierde der niedersten Art und männliche Rivalität; und viel später dann, im Rahmen der Ehe, ist es früher manchmal vorgekommen, dass sie ihrer Gefährtin gegenüber eine gewisse Dankbarkeit empfanden – wenn sie ihnen Kinder geschenkt hatte, den Haushalt ordentlich führte, eine gute Köchin und ein gute Liebhaberin war. [...] Was die Kinder betrifft, sie dienten der Erhaltung eines Berufsstandes, der gesellschaftlichen Regeln und des Erbgutes. [...] Ein Kind zu haben, hat für einen Mann heutzutage überhaupt keinen Sinn mehr."[127]

—Nachdem in unserer postmodernen, von der kapitalistischen Ökonomie des Begehrens bestimmten Gesellschaft

Sexualität und Fortpflanzung bereits entkoppelt sind und der moderne narzisstische Mensch/Mann ausschließlich nach Lustgewinn strebt, was ihn anfällig für Zurückweisungen und Unglücke aller Art macht, setzt Houellebecq seine Hoffnung auf Erlösung in die Biotechnologie. Er fantasiert von Klonen und Cyborgs, die eine natürliche Elternschaft und den Vorgang der Geburt überflüssig machen, wobei auch die Generationenfolge eliminiert wird. „Die Neomenschen sind keine einmalige Synthese von Vater und Mutter mehr, sondern physiologisch identische Replikate ihrer Vorgänger im besten Mannes- und Frauenalter."[128] (wie in „Die Möglichkeit einer Insel"). In diesem Tableau gefühls- und geschichtsbereinigter Existenzen gibt es weder Begehren, noch Schmerz, noch Angst vor dem Tod. Das Gegenbild zur Hölle der kapitalistischen Ausbeutung und der repressiven Entsublimierung (Marcuse) ist die Regression des Menschen auf den Bewusstseinsstand einer Zimmerpflanze.

—In seinem Roman „Unterwerfung" experimentiert Houellebecq, der 2002 wegen islamfeindlicher Aussagen vor Gericht stand,[129] mit dem Gedanken an eine Abkehr von der laizistisch geprägten Gesellschaft. Um im Frankreich des Jahres 2022 die Wahl der rechtsextremen Marine Le Pen zu verhindern, wird mit Hilfe der Linken und der gemäßigten Rechten erfolgreich ein muslimischer Präsident installiert, der mit Charisma und Intelligenz ausgestattet ist. Statt ungehemmter Freizügigkeit herrscht jetzt ein Klima des rigorosen Fundamentalismus, Ordnung und Moral haben oberste Priorität. Houellebecq verabschiedet in diesem Roman die Ära der Aufklärung und skizziert eine Entwicklung, in der die säkulare westliche Kultur zugunsten eines neuen, religiösen Zeitalters abgedankt hat. Dabei kokettiert er/sein Protagonist mit den Annehmlichkeiten eines patriarchalen Systems und konvertiert, Opportunist der er ist, schließlich sogar zum Islam – auch weil für ihn mit diesem Schritt eine gut bezahlte Stelle an der Universität verbunden ist. Die Religion ist sinnstiftend und bietet Halt, Frauen werden auf eine dienende und (auch sexuell) versorgende Rolle reduziert („Houellebecq beurteilt Frauen nur nach ihrem Bindegewebe"[130]), und es herrscht das Gesetz der Polygamie, welches der Geburtenrate in Frankreich zu einem wünschenswerten Anstieg verhilft. Darüber hinaus erübrigt sich aufgrund der im Altislam üblichen Heiratsvermittlung der sexuelle Wettbewerb, bei dem die unattraktiven Protagonisten aus Houellebecqs Romanen für gewöhnlich den Kürzeren ziehen. Man könnte den Eindruck gewinnen, in „Unterwerfung" wäre es dem Autor endlich gelungen, eine Antwort auf sein Unbehagen an der westlichen postmodernen Kultur und ihren zivilisatorischen Auswüchsen zu finden. Oder „ist das alles (vielleicht doch nur) iranisch gemeint?"[131] Ob Utopie oder Dystopie, Ironie oder Ausdruck einer Affinität für totalitäres Gedankengut, hier scheiden sich die (Kritiker-)Geister. Die oft mühsamen, Beckett-haften Interviews mit dem Autor, der alle Tonarten der Provokation meisterhaft beherrscht, helfen da nicht weiter, denn wir haben es offensichtlich mit einem „Wirrwarrstifter" zu tun, der bei Nigel, dem bereits erwähnten Erfinder der Kackografien, in die Lehre gegangen sein könnte und der H. P. Lovecraft zu Beginn seiner Karriere als seinen wichtigsten literarischen Bezugspunkt angegeben hatte.

Wie die kurze Rekapitulation Houellebecqscher Themen und Motive nahelegt, ist der typische Protagonist seiner Romane, der immer auch Facetten seines Schöpfers repräsentiert, nicht unbedingt ein vom Glück begünstigter Mensch. „Haben Sie keine Angst vor dem Glück; es existiert nicht", heißt es in einem frühen, 1997 erschienenen programmatischen Text von Houellebecq, in dem er sich an einer Art poetischem Manifest versucht.[132] „Schließen Sie sich keiner Partei oder Meinung an. Oder tun Sie es nur, um sofort wieder Verrat zu üben. Keinerlei theoretisches Parteigängertum darf Sie längere Zeit blockieren. Militant zu sein, macht glücklich, und Sie haben nicht glücklich zu sein. Sie gehören auf die Seite des Unglücks; Sie sind die dunkle Seite."[133]

Gleichwohl erschien im selben Jahr ein Gedichtband des Autors, der in der deutschen Übersetzung den Titel „Suche nach Glück" trägt. Der Titel führt allerdings in die Irre, evoziert er doch das Bild eines hoffnungsvollen Menschen, der daran glaubt, am Ende seiner Suche fündig zu werden. Die Gedichte in besagtem Band sprechen jedoch eine ganz andere Sprache:

Äußere Welt

Es ist da etwas Totes tief in mir,
Eine verborgene Nekrose eine fehlende Freude
Ich trage mit mir ein Stückchen Winter herum,
Mitten in Paris lebe ich wie in der Wüste.
Irgendwann am Tage gehe ich raus, um Bier zu kaufen,
Im Supermarkt sind ein paar Alte
Ich weiche leicht ihren fehlenden Blicken aus
Und habe wenig Lust, die Kassiererinnen anzusprechen.

Ich nehme es niemandem übel, der mich todlangweilig
findet,
Ich hatte schon immer das Talent, die Stimmung zu ver-
derben
Ich habe nichts zu teilen als unbestimmtes Leid
Bedauern, Scheitern, eine Erfahrung der Leere.

Nichts unterbricht jemals den einsamen Traum
Der mir als Ersatz fürs Leben dient und als wahrschein-
liches Geschick,
Den Ärzten zufolge bin ich als einziger schuld.
Ja, ich schäme mich etwas, und ich sollte still sein;
Ich beobachte traurig, wie die Stunden verfließen;
Die Jahreszeiten gehen dahin in der Äußeren Welt.[134]

Und in der Tat: Im französischen Original lautet der Titel des Gedichtbandes *nicht*, wie die deutsche Übersetzung vermuten ließe, „La *recherche* du bonheur", was
tatsächlich „*Suche* nach Glück" heißen würde, sondern
wesentlich treffender, „La *poursuite* du bonheur", also
„Die *Jagd* nach Glück". Ein Jäger ist kein Suchender!
Jäger verfolgen ihre Beute, um sie zu erlegen, wozu sie
Waffen mit sich führen. Bei diesem Vorgang gibt es nur
Gewinner und Verlierer. Und so ist es auch in den Texten von Houellebecq, in denen die glücksverheißenden
Frauen, wenn sie nicht plötzlich spurlos verschwinden,
auf verschiedene Weise zu Tode kommen, sobald sich
in den Beziehungen so etwas wie Erfüllung abzeichnet.
Die Gedichte, die von Liebe oder glücklicher Zweisam-
keit handeln, enden fast immer mit einem Absturz ins
Bodenlose:

Unsere Liebe zerbrach, so wie ein Haus einstürzt,
Nie würde jemand kommen und ihre Wände neu errichten
Nie würden Kinderrufe in den Trümmern
Die Gespenster wecken und ihr verhaltenes Murmeln.

Das Morgengrauen kam. Ich war allein.
Gen Osten große Wolken
Geschmeidig sich bauschend, Gewitterboten.
Ich stand auf nach langem Warten;
Sehr fern, das wusste ich, ordnete sich erneut
Das destruktive Prinzip. Ich wandelte in der Angst.[135]

Wenn, von „großen Gewitterwolken" flankiert, die „Liebe zerbricht", wenn „Kinderrufe in Trümmern Gespenster wecken" und der Verfasser „allein und im Morgengrauen" vergebens wartet, dann ist dies ein romantisierender Gefühlskitsch, wie man ihn sonst eher aus dem Schlagergenre kennt, in dem sich ebenfalls abgegriffene Metaphern und schwülstige Bilder aneinanderreihen. Man gewinnt den Eindruck, der Verfasser suhle sich wohlig in seinem selbstgenerierten Unglück, von dem die Ärzte behaupten, er sei daran „als einziger schuld". An dieser Stelle muss erwähnt werden, dass Houellebecq in etwas antiquierter Weise fast alle seine Gedichte in Versform, also gereimt, verfasst hat; so auch das oben zitierte. In der deutschen Übersetzung ist darauf verzichtet worden, wodurch eine wesentliche Dimension entfällt, nämlich die des leiernden, monotonen Singsangs, der das Pathos des Selbstmitleids besonders stark zur Geltung bringt. Auch wenn sich Houellebecq „als Nachfolger der großen französischen Tradition des Morbiden und des Ennui"

versteht und sich in der „nationalen Lyriktradition eines
Mallarmé, Baudelaire, Verlaine oder Apollinaire" verortet,[136] bleibt nach der Lektüre seiner Gedichte doch in erster Linie der Eindruck von Ressentiment und Wehleidigkeit haften, die er, wie ein Rezensent schrieb, „wie Eiter
absondert". Bei genauerer Betrachtung drücken sich im
Werk Houellebecqs zwei Gemütszustände aus: entweder
eine völlige Gefühlskälte, aus der heraus er seine hyper-
realistischen Bestandsaufnahmen einer kaputten Gesellschaft formuliert, oder einen kitschigen Gegenentwurf
dazu. Letzterer beschwört das Ideal der romantischen
Liebe, die dazu dient, die Abwesenheit von Gefühl durch
morbide Sentimentalität zu kaschieren. In beiden Fällen
dient der emotionale Ausgangszustand, der durch das
Fehlen von Empathie- und Liebesfähigkeit charakterisiert
ist, als Matrix für die Wahrnehmung und Beurteilung
der Welt. In „Ausweitung der Kampfzone" heißt es: „In
Wirklichkeit zerrütten und zerstören die zahllosen, während der Zeit des Heranwachsens angehäuften sexuellen
Erfahrungen jede Möglichkeit gefühlsmäßiger, romanti-
scher Projektion. Nach und nach, tatsächlich aber sehr
rasch, wird man so liebesfähig wie ein altes Wischtuch."
Freilich ist Verliebtheit immer mit Projektionen verbunden, die sich nicht dauerhaft aufrechterhalten lassen. Die
Unvollkommenheit des Gegenübers schält sich mit der
Zeit heraus aus dem Zustand der Verklärung und wird
als das sichtbar, was sie ist. Dann sind Toleranz, Großzügigkeit, Humor und Selbstkritik gefragt, soll aus der
Verliebtheit eine belastbare Bindung entstehen. Houellebecqs verdrossenes Resümee, das den Anschein erwecken
soll, eine nüchterne und treffende Diagnose allgemeiner

emotionaler Gesetzmäßigkeiten zu sein, zielt vordergründig auf diese konsensfähige Binsenweisheit ab, ist jedoch in Wahrheit eine Mogelpackung. Während bei der „echten" Verliebtheit ja gerade das *Unvollkommene* des anderen in mildem Licht erstrahlt, sind die idealen Frauen in den Romanen und Gedichten Houellebecqs verkitschte Kunstfiguren, denen das Scheitern aufgrund ihrer offensichtlichen Realitätsuntauglichkeit bereits eingeschrieben ist. Damit nähren und rechtfertigen sie unaufhörlich den larmoyanten Tränenstrom ihres frustrierten Schöpfers. Das finden, schaut man sich die gesammelten Kritiken aller bisher erschienenen Bücher an, vor allem *weibliche* Rezensentinnen oft unerträglich, was nicht zuletzt an Beschreibungen wie diesen (aus Houellebecqs erstem Roman „Ausweitung der Kampfzone") liegen mag:

Breites Becken, fester und glatter Hintern; geschmeidige Taille, die die Hände zu zwei runden, großen und zarten Brüsten führt; Hände, die sich vertrauensvoll an die Taille legen und die schön gerundeten Hüften berühren [...] Bis hin zu dem vollen, unschuldigen Gesicht, das die ruhige Verführungskraft der natürlichen, ihrer Schönheit sicheren Frau ausdrückt. Die stille Gelassenheit des Fohlens, das bei aller Sanftmut bereit ist, seine Glieder in beschleunigten Galopp zu erproben. Die zarte Ruhe Evas, die in ihre Nacktheit verliebt ist.[137]

Die Philosophin und Journalistin Mirjam Schaub bringt das Unbehagen auf den Punkt, welches einen angesichts solcher Zeilen überkommen kann; einer Lore-Roman-

Prosa, die auf der Folie pornografischer Gewaltfantasien schillernd blüht. Sie schreibt: „Houellebecq hält an seinen kruden Glücksansprüchen fest wie Citizen Kane an seinem Schlitten. Doch anders als bei Kane erwächst hieraus statt Stärke nur Schwäche. Denn Houellebecqs Glücksvorstellung ist – um im Schlittenbild zu bleiben – in Breitengraden zu Hause, in denen es noch nie geschneit hat und auch nie schneien wird. Keiner, der jemals glücklich war, wird sich wiederfinden in jenen Kitschwelten, die Houellebecq dafür – neben den Whirlpools – bereithält."[138] Und dann resümiert sie: „Statt Thesen findet man bei Houellebecq Affekte, Attacken statt Analysen, allesamt feige Ausflüchte für ein zu kurz greifendes Denken. Seine Träume vom Ende einer geschlechtlich differenzierten Menschheit sind schlecht getarnte Rechtfertigungen seines eigenen Leidens. Die Fähigkeit zur Bejahung geht dem Autor ab, auch hat er nie die Notwendigkeit derselben für ein glückliches Leben begriffen. Stattdessen hat er das Ressentiment [...] und die damit einhergehende verlogene Mitleidsmoral wieder in ihr altväterliches Recht gesetzt. Das ist sie, die *Feigheit des Affekts*, der Houellebecq seinen Erfolg verdankt: liederlich getarnt nimmt sie hinter markigen Thesen Zuflucht und verspricht sich von ihnen Absolution."[139]

Das Tückische an Houellebecq ist, dass alle seine Auslassungen (Romane, Essays, Gedichte und Interviews) *durchaus* Elemente von Wahrheit enthalten, die er mit scharfer Beobachtungsgabe aus ihrem Kontext herauspräpariert, weshalb sich viele (vornehmlich männliche) Leser mit seinen Texten identifizieren können. Die von Houellebecq bewusst gesetzten Tabubrüche und

Provokationen werden von seinen Anhängern als entlastend, hellsichtig und humorvoll wahrgenommen. Fatal ist dabei, dass er zutreffende Beobachtungen quasi wie Stücke aus einem Ganzen herausbricht, um sie dann in einem anderen, nämlich *defätistischen* Kosmos zu einer Collage mit Wiedererkennungseffekten zusammenzusetzen. Diesen Kosmos bewohnt er zusammen mit Autoren wie H. P. Lovecraft oder Joris-Karl Huysmans, dem morbiden Dichter der Décadence, der auf seiner Sinnsuche vom Okkultismus über den Satanismus schließlich zum Katholizismus konvertierte und dem Houellebecq in „Unterwerfung" ein Denkmal gesetzt hat.[140] „Alles ist bei Houellebecq auf Identifikation angelegt, nicht mit dem Schönen, Guten und Wahren, sondern mit dem Hässlichen, Bösen und Falschen."[141] In einem SPIEGEL-Interview sprechen die Journalisten Wellershoff und Traub mit Houellebecq über dessen Verhältnis zu seiner Mutter:

SPIEGEL: Eine der schrecklichsten Szenen in Ihrem Roman Elementarteilchen ist die, wo ihre beiden Helden, die Brüder Bruno und Michel, sich am Sterbebett ihrer Mutter treffen. Obszöne Flüche und Verwünschungen begleiten deren Todeskampf.
Houellebecq: Aber das ist doch richtig lustig! Das habe ich geschrieben, um die Leute zum Lachen zu bringen.[142]

„Fair is foul, and foul is fair" in der Welt von Michel Houellebecq, in der jeder seinem Hass und seiner Sucht ausgeliefert ist, in der es keine Individualität gibt, keine Selbstbestimmung und keine Verantwortung für das eigene Leben und das der anderen. Es ist eine Welt der angestrengten Pseudowissenschaftlichkeit und der schnellen (Selbst-)Befriedigung, aus der manchmal SOS-Signale gefunkt werden, weil Sinn und Liebe verloren gegangen sind. Als deren Surrogat dient der Kitsch, der wie ein Sexspielzeug kurzfristig zum Einsatz gebracht werden kann und Erregung erzeugt, wo sonst Leere und Depression herrschen würden. Zwischenmenschliche Kontakte sind vornehmlich durch Manipulation bestimmt, worüber Houellebecqs Briefwechsel mit dem Mitbegründer der „Nouvelle Philosophie" Bernard-Henri Lévy eindrücklich Auskunft gibt. In seinem Brief vom 20. Mai 2008 schreibt er an Lévy:

Schon als Kind träumte ich davon, die ganze Menschheit in meinen Bann zu schlagen, sie zu verführen wie sie vor den Kopf zu stoßen und ihnen schließlich mein Zeichen einzubrennen; aber ich träumte auch davon, im Dunkeln zu bleiben, mich hinter meinen Schöpfungen zu verstecken.[143]

Auch Houellebecqs inzwischen schon legendäre mediale Inszenierungen dienen dem Zweck, Macht über andere auszuüben. Er will derjenige sein, dem es obliegt, das Meer der Kritikerstimmen zu orchestrieren und den Takt der Berichterstattung vorzugeben. Gelingt ihm das nicht, wird er übergriffig (lädt zum Beispiel eine ihn interviewende Journalistin dazu ein, mit ihm einen Swingerclub zu besuchen) oder lässt missliebige Personen in seinen Romanen als Karikaturen ihrer selbst auftreten. Sie werden dann unter ihrem Klarnamen der Lächerlichkeit preisgegeben (so in „Unterwerfung"). So nimmt es dann auch nicht Wunder, dass Houellebecq, ähnlich wie Lovecraft, die Psychoanalyse hasst wie der Teufel das Weihwasser. Freuds berühmtes Diktum, dass der Mensch nicht Herr im eigenen Haus, sondern vielmehr seinem Unbewussten ausgeliefert sei, verbunden mit dem Zwang, konflikthafte Lebenssituationen immer wieder aufs neue zu reproduzieren, wenn sie nicht analysiert und durchgearbeitet würden, ist eine Provokation für Menschen, die es danach drängt, sich und andere total zu beherrschen. Dem Protagonisten in „Ausweitung der Kampfzone", dessen Frau Véronique sich einer Psychoanalyse unterzogen hatte, legt der Autor über mehrere Seiten hinweg Sätze wie diese in den Mund:

Unter dem Deckmantel der Ich-Stärkung betreiben die Analytiker in Wirklichkeit eine skandalöse Zerstörung des menschlichen Wesens. Unschuld, Großzügigkeit, Reinheit [...], das alles wird zwischen ihren groben Händen bald zerrieben. Die überbezahlten, eitlen und dummen Psychoanalytiker vernichten bei ihren sogenannten Patienten ein für alle Mal jede geistige und körperliche Liebesfähigkeit; sie verhalten sich in der Tat wie die leibhaftigen Feinde der Menschheit. Diese gnadenlose Schule des Egoismus macht sich mit dem größten Zynismus an nette, ein wenig verwirrte Mädchen heran, um sie in niederträchtige Flittchen zu verwandeln, die nichts anderes mehr zu erregen vermögen als berechtigten Abscheu. Einer Frau, die einem Psychoanalytiker in die Hände geraten ist, sollte man nicht das geringste Vertrauen schenken. Engherzigkeit, Egoismus, arrogante

Dummheit, keinerlei moralisches Empfinden, chronische Liebesunfähigkeit: So sieht es aus, das erschöpfende Portrait einer „analysierten" Frau. [...] Diese Liebe [für Véronique – RM] *war reine Verschwendung [...] es wäre besser gewesen, ich hätte ihr die Arme gebrochen.*[144]

Allmachtsgefühle, die für eine perverse Dynamik konstituierend sind und die suchtartig immer wieder erzeugt werden müssen, dienen dazu – wie schon an anderer Stelle gesagt – Hilflosigkeit und Abhängigkeit abzuwehren. Dahinter steckt in den meisten Fällen die prägende Erfahrung des abhängigen Kindes, dass Außenbeziehungen weder belastbar noch verlässlich sind und nur selbsterzeugte Empfindungen und unbelebte Objekte (mitunter auch eine hochgezüchtete Intellektualität, die quasi masturbatorisch eingesetzt wird) das psychische Überleben garantieren. Bleiben diese ursprünglich kompensatorischen Verhaltensmuster bestehen, schlagen sie langfristig in ihr Gegenteil um und verhindern fruchtbare Beziehungen. Weder die Suche noch die Jagd nach Glück führen dann zum Erfolg, und es bleiben nur das Kokettieren mit dem eigenen Untergang oder die Genugtuung, über andere zu triumphieren. Houellebecq empfindet sich als Opfer der von ihm kritisierten Verhältnisse, tritt aber gleichzeitig als Richter auf, der in einer extrem herablassenden Weise über Wert und Unwert seiner Schriftstellerkollegen oder auch anderer Repräsentanten des intellektuellen Lebens das letzte Wort spricht; so in seiner vernichtenden Polemik „Jacques Prévert ist ein Arschloch."[145] Ausgerechnet Houellebecq wirft dem Vertreter des poetischen Realismus vor, Kitsch und Klischees zu produzieren sowie eine „platte, oberflächliche und falsche Weltsicht"[146] zu verbreiten. Das entbehrt freilich nicht einer gewissen Ironie.

Wenn die Welt der Menschen eine fortgesetzte Enttäuschung darstellt und sich Utopien von einem besseren Leben nur in Kitschdimensionen denken lassen, dann kommt den Tieren eine besondere Bedeutung zu; und zwar vornehmlich Katzen und Hunden, denen alle möglichen positiven Eigenschaften zugeschrieben werden, die in zwischenmenschlichen Beziehungen nicht realisiert werden können. Insbesondere an Hunden wird geschätzt, dass sie zuverlässig, von ihren Besitzern abhängig und besonders gut zu beherrschen sind. Auch widersprechen sie in der Regel nicht, und wenn sie tatsächlich Bedürfnisse anmelden, die sich mit denen ihrer Besitzer nicht vertragen, dann kann man sich von den einst idealisierten Gefährten relativ unkompliziert wieder trennen.

Dass Hundebesitzer und ihre Vierbeiner sich mitunter frappant ähneln, ist ein stehender Witz mit Wahrheitsgehalt. Die Tiere repräsentieren die Charaktereigenschaften ihrer Halter und dienen zur stetigen Selbstvergewisserung bei gleichzeitiger sentimentaler Verklärung ihres durch Zuschreibung vermenschlichten Wesens. So darf zum Schluss auch Houellebecqs verstorbener und bedingungslos geliebter Welsh Corgi Clément nicht unerwähnt bleiben, dem der Autor 2016 in seiner Pariser Ausstellung „Rester vivant" (am Leben bleiben) einen eigenen holzvertäfelten Raum gewidmet hatte – Clément, das einzige Lebewesen, das dem Autor nach eigener Aussage immer treu verbunden war.

Eine virtuose Variation von Houellebecqs Themenkanon

Im Jänner 2019 erschien Houellebecqs Roman „Serotonin" und löste bei einem Großteil der Kritiker sowohl
Begeisterung über seine hellsichtige Zeitdiagnose (so
der Tenor), als auch Mitgefühl für den Protagonisten
der Geschichte aus. Der vom Leben enttäuschte, durch
die Einnahme von Antidepressiva impotent gewordene
46-jährige Florent-Claude, der mehr als 300 Buchseiten
lang einer unerfüllten Liebe namens „Camille" nachtrau-
ert und mit der sozialen Kälte der spätkapitalistischen
Wettbewerbswelt kämpft, begegnet der Tristesse solchermaßen erodierter zwischenmenschlicher Beziehungen
mit Ekel, Verachtung und einer voyeuristischen Lust am
sexuell Perversen. Camille, die bildschöne angehende
Tierärztin (sic!) hatte er dereinst mit einer „dreckigen
Brasilianerin" betrogen und sich damit eine glückliche
Zukunft auf dem Hintergrund „ewiger Liebe" verbaut.
So blieb ihm nur die Gesellschaft gefühlskalter „Schlam-
pen" mit Hang zu Fettsucht und Sodomie, denn Roman-
tik und Pornografie, so klagt der Hauptakteur, seien zwei
unterschiedliche Dinge und ließen sich schlecht verbinden. Er flüchtet schließlich in die Provinz, um sich vor
seiner japanischen „Konkubine" in Sicherheit zu bringen, die ihn finanziell ausnutzt und heimlich Gangbang-
Parties besucht, wenn sie sich nicht gerade von Hunden
penetrieren lässt.
Auf dem Land angekommen, besucht Florent-Claude
seinen verbitterten Jugendfreund Aymeric, der von seiner
Frau verlassen worden ist. Er bewohnt ein altes norman-
nisches Schloss, das er jedoch dem Verfall preisgeben

muss, weil ihm das Geld für die Renovierung fehlt. Aymeric hält sich mühsam mit Viehzucht über Wasser, bis er sich anlässlich einer Demonstration gegen die verheerenden Auswirkungen der EU-Milchquote aus Protest und Verzweiflung eine Kugel in den Kopf schießt. Der Schilderung des öffentlich inszenierten Selbstmords vorausgegangen sind langatmige Reflexionen über den fachgerechten Gebrauch und die Faszination perfekt funktionierender Schusswaffen, denen Houellebecq in seinem Roman breiten Raum gibt.

Als Florent-Claude gegen Ende der Geschichte wieder auf Camille trifft, stellt er fest, dass sie immer noch eine Schönheit ist (der Zahn der Zeit nagt nur an realen Frauen, die Idealisierten verändern sich nicht – wie das halt so ist in der Welt des Kitsches) und inzwischen einen Sohn bekommen hat, mit dem sie in einer „perfekten symbiotischen Beziehung" lebt; einer von ihm fantasierten unkündbaren Beziehung, die eine archaische Eifersucht in ihm aktiviert, weshalb er nur eine einzige Möglichkeit sieht, Camille zurückzugewinnen: Er muss ihren fünfjährigen Sohn erschießen! So positioniert er sich also vis à vis vom Haus seiner ehemaligen Freundin in einer verlassenen Gastwirtschaft und wartet auf die passende Gelegenheit für den geplanten Mord, die sich ihm auch alsbald bietet. Eine ganze Weile genießt Florent-Claude die Macht, die er besitzt, als er den Kopf des Kindes endlich im Visier seiner Waffe hat.

Nie hatte ich so langsam und tief geatmet, nie hatten meine Hände so wenig gezittert, nie hatte ich meine Waffe so sehr im Griff gehabt, ich fühlte mich in der Lage,

den perfekten Schuss zu vollbringen, befreiend und ein-
zigartig, der wichtigste Schuss meines Lebens, das allei-
nige Endziel meines Trainings.[147]

Doch dann verlässt ihn der Mut. Er lässt die Waffe sin-
ken, worauf sich ein Schuss löst und eine Panoramafens-
terscheibe trifft, die in tausend Scherben zerbirst. Was
dann auf den letzten Seiten des Romans für den Hauptakteur noch folgt, sind „schmerzerfüllte Momente voller
Einsamkeit", der Rausschmiss aus dem letzten Pariser
Raucherhotel (es wird zur nikotinfreien Zone erklärt)
und sein angekündigter Suizid, dessen konkrete Durch-
führung den Lesern jedoch erspart bleibt.

Soweit der Inhalt des Romans, auf dessen Wiedergabe
ich an dieser Stelle hätte verzichten können, wäre es nur
darum gegangen, die bereits ausführlich dargelegten
Thesen zum nekrophilen Kitsch im Werk Michel Houellebecqs zu erhärten, denn zu sehr gleichen sich in seinen Büchern die Motive und kalkulierten Tabubrüche.
Immer wieder geht es um den Antagonismus von Pornografie, sexueller Ausbeutung und einem verkitschten
romantischen Liebesideal, und hier wie dort entfalten
sich die Texte auf einer Folie von Zynismus und Selbstmitleid. Es scheint so zu sein, dass Houellebecqs Anhänger, aber auch seine Kritiker genau dies von ihm erwar-
ten, und sie werden nicht enttäuscht. Treffsicher reichert
Houellebecq sein neuestes Werk zudem mit pointierten
Beobachtungen an, die mitten ins Zentrum von Eitelkeit,
Dummheit und Hässlichkeit zielen. Sieht man einmal von
seinen rassistischen, frauenverachtenden und homopho-

ben Untergriffen ab, ist das sogar fallweise recht unterhaltsam. Manchmal trifft er damit einen wahren Kern. Bei genauerer Betrachtung scheint es dem Autor jedoch in erster Linie darum zu gehen, seine Leser auf subtile Weise zu Komplizen seiner Geringschätzung zu machen. Das gelingt ihm in „Serotonin" nahezu perfekt und wird entsprechend honoriert. Es ist in der Tat bemerkenswert, wieviel Empathie seiner gänzlich unempathischen Hauptfigur in manchen Rezensionen entgegengebracht wird. Insofern ist es lohnenswert, sich noch einmal näher mit dem Buch zu befassen, und zwar anhand einer exemplarischen Szene:

Florent-Claude hatte sich in einem Bungalow unweit des Schlosses seines Freundes Aymeric einquartiert und beobachtete, da er keine anderen Pläne hatte, was sich im Haus gegenüber abspielte. Dort residierte ein „finsterer, misantropischer Mittvierziger", den er sich als „Akademiker" und „deutschen Ornithologen" vorstellte. Jeden Nachmittag zur selben Zeit bekam der Mann Besuch von einem „kleinen braunhaarigen Mädchen von vielleicht zehn Jahren mit kindlichen Gesichtszügen", was zu der Vermutung Anlass gab, dass es sich bei den Besuchen um eine „pädophile Angelegenheit" handelte. Florent-Claude macht es sich also in seinem Sessel gemütlich, holt sein teures Präzisionsfernglas (wie es gemeinhin Ornithologen verwenden!) heraus und beobachtet die Geschehnisse gegenüber mit neugierigem Interesse. „Im Grunde hätte ich es schön gefunden, Polizist zu sein, in die Leben anderer Leute einzudringen, in ihre Geheimnisse", lässt er sich vernehmen. Wir erinnern uns an die Fallgeschichten aus der psychoanalytischen Praxis der

Londoner Kinderanalytikerinnen Waddell und Williams. Sie erwähnten anhand einiger Beispiele, dass sich Patienten mit perverser psychischer Verfasstheit („perverse states of mind") häufig in Situationen hinein fantasieren oder davon träumen, heimlich von hinten oder unten irgendwo hineinzuschleichen, zu spionieren oder andere zu belauschen. Auch hier wird eine solche Situation geschildert. Es folgen minutiöse Beschreibungen des fortgesetzten und auf Video aufgezeichneten sexuellen Missbrauchs des Mädchens, die der Protagonist des Romans gänzlich ungerührt beobachtet. Keine Sekunde kommt er auf die Idee, das Geschehen irgendwie zu unterbinden. Auch der Leser wird dadurch zum Voyeur, ja gleichsam zum Mittäter gemacht. Am nächsten Tag, als der Nachbar für einige Zeit das Haus verlässt, erwacht in Florent-Claude der Wunsch, den „Täter zu entlarven", indem er nach den Videoaufnahmen des Missbrauchs sucht. Dabei geht es ihm weniger darum, ein monströses Verbrechen aufzudecken, als vielmehr darum, seinem diffusen Ärger Luft zu machen, denn er mokiert sich schon länger über den vermeintlichen akademischen Dünkel des Deutschen, der noch dazu ein größeres Auto fährt als er selber. Er schleicht sich also (sic!) unbemerkt durch die nicht abgeschlossene Tür des Nachbarhauses und sichtet das Filmmaterial. Es folgen detaillierte Beschreibungen der sexuellen Handlungen, die darauf zu sehen sind, nebst Klagen über die mangelnde Professionalität der Aufnahmen. Nach einer Weile kehrt der Pädophile unerwartet zurück und überrascht den Eindringling. Florent-Claude ergreift panisch die Flucht und verbarrikadiert sich voller Angst in seinem Haus.

Ich goss mir ein großes Glas Williams Birne ein und kam rasch wieder zur Vernunft: ER war in Gefahr, nicht ich; ER riskierte eine dreißigjährige Gefängnisstrafe, nicht ich; ER würde nicht lange bleiben. Und tatsächlich, später sah ich – dieses Fernglas war wirklich bemerkenswert –, wie er sein Gepäck in den Kofferraum seines Defenders lud, sich ans Steuer setzte und mit unbekanntem Ziel aufbrach.[148]

Diese Szene ist insofern frappierend, als der Protagonist des Romans nicht mehr unterscheiden kann, wer eigentlich Täter und wer Verfolger ist. Überflüssig zu erwähnen, dass auch in dieser Situation das Opfer keine Rolle spielt. Es braucht eine Weile, bis Florent-Claude sich wieder seiner selbst vergewissert hat und voller Erleichterung feststellt, dass er sich keine Sorgen um seine moralische Integrität machen muss; denn es ist ja schließlich nicht er, der sich schuldig gemacht hat, sondern der Deutsche. Fair is foul and foul is fair!

Der Psychoanalytiker Donald Meltzer, der sich eingehend mit den Erscheinungsbildern perverser seelischer Zustände befasst hat, bringt die Sache auf den Punkt und charakterisiert den Typus eines Florent-Claude wie folgt:[149]

Er kann Jäger und Gejagter zugleich sein, er kann als Hase verkleideter Jagdhund und als Jagdhund verkleideter Hase sein. Ein äußerst attraktives Spiel, das „Spaß" macht. Man braucht sich über seine Popularität nicht zu wundern. Doch der „Spaß" ist nicht das Wesentliche. Entscheidend ist der Rückzug aus emotionalen Bindun-

gen mit anderen Menschen, aus der Welt enger, intimer,
letztlich familiärer Beziehungen. Nimmt man diesen Ge-
sichtspunkt hinzu, wird deutlich, dass jemand, der sich
gerade inmitten einer Sucht oder einen perversen Phan-
tasie oder Beziehung befindet, nicht er selbst, sondern
„außer sich“ vor Erregung, in tiefer Verwirrung über
die Beschaffenheit der Welt und völlig unsicher über die
Identität seiner perversen Kumpane ist.[150]

Auf dem Hintergrund dieser und anderer vergleichbarer
Schilderungen (z. B. dem geplanten Mord an Camilles
Sohn) muten die Empathiebekundungen mancher Re-
zensenten für den Akteur des Romans, der zwar in einer Aufwallung sentimentaler Betroffenheit Mitleid mit
Hühnern in Käfighaltung bekundet, missbrauchten Kindern gegenüber jedoch eine erschreckende Gleichgültigkeit an den Tag legt, befremdlich an. In keiner einzigen
mir bekannten Buchrezension aus dem deutschsprachi-
gen Raum wird auf die abstoßende Missbrauchspassa-
ge Bezug genommen. Vielmehr lässt man sich wortreich
über den „tieftraurigen Liebesroman“[151] aus und über-
sieht dabei das gedeihliche Nebeneinander von Kitsch
und Perversion. Allerdings muss ich den Kritikern, die
„Serotonin“ für den bislang besten Roman Houellebecqs
halten, insofern Recht geben, als der Autor mit diesem
Buch seinen bewährten Themenkanon so virtuos und explizit ausgeführt hat wie selten zuvor.

KITSCH UND KUNST Wo wohnt der Kitsch bei Jeff Koons wirklich?

Durch Zufall stieß ich am 13. Mai 2017 auf folgende kurze Online-Meldung des Nachrichtenmagazin „DER SPIEGEL", die mich aufhorchen ließ:

Der Meister des Kitschs, Jeff Koons, hat in New York sein neues Kunstwerk enthüllt. Eine aufblasbare Ballerina. Bis zum 2. Juni dominiert die 14 Meter hohe Tänzerin den Platz vor dem Rockefeller Center [...] Der US-Künstler ist für seinen Hang zu grellen Farben und zum Klimbim bekannt. Auch die silber-metallische Balletttänzerin sticht mit goldenen Haaren, blauen Augen und einem roten Mund ins Auge. Sie lächelt von oben auf die Prometheus-Statue herab, die vor dem Rockefeller Center in Manhattan steht. Die Installation soll auf den Monat der vermissten Kinder aufmerksam machen, der im Mai begangen wird.

Dann kommt Jeff Koons selber zu Wort, der sich zu der überdimensionalen Ballerina nach eigenen Aussagen von einer kleinen Porzellanfigur hat inspirieren lassen:

Ich hoffe, die sitzende Ballerina kann Menschen jeden Alters Hoffnung und Optimismus für die Zukunft geben, aber vor allem können kleine Kinder sie anschauen und ein Gefühl für ihr eigenes Potenzial bekommen.[152]

Wie kam es zu dem Gedenktag für die vermissten Kinder, auf die sich Jeff Koons bezieht?
Im Jahr 1979 ereignete sich in New York ein spektakulärer Entführungsfall. Der sechseinhalbjährige Etan Kalil Patz, der aus einer jüdischen Familie stammte,

verschwand auf seinem Schulweg spurlos. Seine Mutter hatte ihn von der Feuertreppe des gemeinsamen Hauses noch dabei beobachtet, wie er das erste Mal allein den kurzen Weg zur Bushaltestelle zurücklegte, bevor sie sich beruhigt wieder anderen Tätigkeiten widmete, weil ihr Sohn nur noch wenige Meter von der Haltestelle entfernt war. Das Kind sollte nie in der Schule ankommen! Es folgte eine beispiellose Suchaktion, bei der Etans Vater, ein Berufsfotograf, in ganz New York Bilder seines Sohnes aufhängte. Über alle großen, auch überregionalen Zeitungen und Fernsehkanäle wurde die Bevölkerung dazu aufgerufen, nach dem verschwundenen Kind Ausschau zu halten. Vergeblich! Im Laufe der Ermittlungen, die sich bis in das Jahr 2012 hinzogen, wurden zwei verschiedene Männer verdächtigt. Es gab umstrittene Schuldeingeständnisse und Verhaftungen, aber es konnten weder hundertprozentig stichhaltige Beweise noch DNA-Spuren gesichert werden. Auch die Leiche des Kindes, das 2001 gegen den Widerstand seiner Mutter offiziell für tot erklärt wurde, hat man nie gefunden. 2015 ließ man die Anklage gegen einen der dringend Tatverdächtigen endgültig fallen, weil sich die Geschworenen nicht auf ein Urteil einigen konnten.

Etans Schicksal hat viele Menschen in den USA berührt. 1983 wurde die Geschichte des verschwundenen Jungen sogar verfilmt,[153] und im selben Jahr erklärte der damalige amerikanische Präsident den 25. Mai, also den Tag, an dem Etan verschwand, zum offiziellen nationalen Gedenktag für vermisste Kinder. Jedes Jahr verschwinden in den USA tausende Kinder und Jugendliche unter 18 Jahren spurlos, 2014 waren es allein in den Vereinigten Staaten 33.388 Personen.[154] In Südamerika dürfte die Zahl der Vermissten noch weit höher liegen. Wenn man beispielsweise auf dem Flughafen von Buenos Aires in den langen Schlangen vor den Abfertigungsschaltern steht und wartet, flimmern unentwegt die Gesichter verschwundener Babies, Kleinkinder und Jugendlicher über die an der Decke aufgehängten Bildschirme, versehen mit verzweifelten Appellen ihrer Angehörigen. Selbst auf Milchverpackungen sind Fotos der Vermissten abgebildet. Für jemanden aus Westeuropa, der es nicht gewohnt ist, in einer öffentlichen Sphäre und auf solch unübersehbare Weise ständig mit Mord, Gewalt und sexuellem Missbrauch von Kindern konfrontiert zu sein, außer vielleicht in Einzelfällen mit großer medialer Reichweite, haben diese allgegenwärtigen Suchaufrufe etwas Verstörendes. Ich begann mir bei einem Argentinien-Aufenthalt plötzlich um alle Kinder auf dem Flughafen Sorgen zu machen, die sich aus dem Radius der elterlichen Aufmerksamkeit wegbewegt hatten. Jeder, der selber Kinder hat, kennt vermutlich den Anflug von Panik, der sich in einem ausbreitet, wenn der Sohn oder die Tochter plötzlich nicht mehr im Sandkasten sitzt, nachdem man das Kind nur für eine kurze Zeitspanne aus den Augen gelassen hat. Zahlreiche Filme und Romane drehen sich um diesen Schockmoment, der auch Unbeteiligte erschauern lässt. Was müssen erst Eltern empfinden, deren Kind tatsächlich nie wieder aufgetaucht ist? Und wie erleben sie derzeit das Kunstspektakel am Rockefeller Center?

Das fragte ich mich, während ich das Foto der aufblasbaren Ballerina von Jeff Koons betrachtete. Es fiel mir schwer, die grelle Skulptur in den Kontext des nationalen Gedenktages einzuordnen. Auf den Bildern, die anlässlich ihrer Aufstellung in den Medien verbreitet wurden, sah ich das kitschige Abziehbild eines sehr jungen Mädchens, das sexuelle Signale aussendet: blonde lange Haare, knallroter Mund, blaue Kulleraugen, knappe Corsage, die den Blick auf ihr Dekolleté freigibt und ein kurzes, nach oben gerutschtes Tüllröckchen (ein „Tutu"), durch welches die langen Beine der auf einem Plüschhocker sitzenden Ballerina bis über die Oberschenkel hinaus entblößt werden. Der Aufblaslook ihrer Oberfläche im Zusammenspiel mit der aufreizenden Pose ließ mich an die mit Luft gefüllten Sexpuppen denken, die man in einschlägigen Shops kaufen kann. „Das wird den Pädophilen gefallen – wie passend", kommentierte ein Leser der Tageszeitung „Der Standard" lakonisch die auch in der österreichischen Presse veröffentlichten Fotos.[155] Ich hatte ebenfalls Assoziationen, die in diese Richtung wiesen. Der britische Fotograf David Hamilton fiel mir dazu ein, der in den 1970er-Jahren durch explizit kitschige, weichgezeichnete Mädchenbilder (Ballettszenen nach Motiven des impressionistischen Malers Edgar Degas) und Filme mit pädophilem Subtext berühmt wurde. 2016 wurden Missbrauchsvorwürfe gegen ihn laut, nach denen er sich in seiner aktiven Zeit als Fotograf an jungen Mädchen vergriffen haben soll. Einen Monat nach Bekanntwerden dieser Vorwürfe nahm sich Hamilton in seiner Pariser Wohnung das Leben, weshalb er sich nicht mehr für die ihm zur Last gelegten Taten verantworten musste. Allerdings illustrieren seine Bilder und Filme geradezu mustergültig die Paradigmen pädophiler Neigungen, nämlich die psychosexuelle Fixierung erwachsener Menschen auf vorpubertäre Mädchen und Jungen, deren kindliche Unschuld und Unerfahrenheit idealisiert und erotisiert werden. Die sexuelle Ausbeutung von Minderjährigen wird als „Liebe", „Fürsorge" und „Zärtlichkeit" umetikettiert, wobei man den Opfern unterstellt, dass sie die sexuellen Handlungen ebenfalls wünschten, also mit dem Geschehen einverstanden seien. Pädophile sind mit ihren Opfern stark identifiziert und fühlen sich daher sehr gut in Kinder ein. Sobald diese jedoch in die Pubertät kommen und erwachsen werden, der Körper also alles Kindliche verliert, erlischt das sexuelle Interesse. Hamiltons Bilderwelten sind bevölkert von zarten Nymphen mit „knospenden Brüsten", die in durchsichtige Gewänder oder Ballettröcke gekleidet sind. Die Konturen ihrer schmalen Körper lösen sich in wabernden Nebeln auf, während die ganze Szenerie in zuckrige Pastellfarben getaucht ist. Die Filmversionen sind mit öliger Klaviermusik im Stil eines Richard Clayderman unterlegt. Alles verschwimmt untrennbar ineinander, so wie in der Pädophilie auch die Grenzen zwischen dem sexuellen Begehren des Erwachsenen und der schutzbedürftigen psychischen und physischen Unversehrtheit des Kindes aufgehoben werden.

Ich erinnere mich noch gut daran, wie es mir als junges Mädchen in den 1970er-Jahren mit den Fotos von David Hamilton gegangen ist, die damals gerade in Mode waren und denen man nicht ausweichen konnte, weil sie überall verbreitet wurden (in der „Bravo", auf Postkarten, Kalendern, Kinoschaufenstern etc.). Im Vergleich zu den blonden, androgynen Kindfrauen fühlte ich mich, die ich

dunkelhaarig (mit praktischem Kurzhaarschnitt), normal entwickelt, normalgewichtig und sicher nicht hässlich war, plump und ohne jeden Sexappeal. Weder besaß ich Ballettschuhe, noch räkelte ich mich mit meinen Freundinnen zur „blauen Stunde" nackt im Stroh herum. Der Umstand, dass es mir auch unter größten Mühen niemals möglich gewesen wäre, meinen Körper auf das Hamiltonsche Bügelbrettformat herunterzureduzieren, wobei die ausgefeilten Techniken der verschiedenen Essstörungen damals zum Glück noch nicht so verbreitet waren, erfüllte mich mit Verzweiflung und Selbsthass. Und ich war in dieser Zeit nicht die einzige Heranwachsende, die angesichts von „Bilitis" und ähnlichen Machwerken aus der Softpornowerkstatt des weichzeichnenden Sugardaddys darunter litt, dass sie keinen Kinderkörper (mehr) hatte. Die implizite Botschaft, die einem aus diesem Universum pädophiler Männerfantasien entgegen hauchte, lautete: *Selbstbewusste junge Frauen mit eigenem Begehren sind unattraktiv und nicht gefragt!*
Die Schauspielerin Anja Schüte, die als junges Mädchen für Hamilton nackt Modell gestanden hatte, berichtete 2016 in einem Interview anlässlich seines Selbstmordes, dass Hamilton „immer ein Faible für ganz junge Mädchen" gehabt habe und er sie, nachdem sie achtzehn geworden sei, mit „Hallo Oma" begrüßt hätte.[156] Was diese Begrüßung seinerzeit in ihr ausgelöst hat, erfahren wir nicht.
Kinder, die im Dunstkreis pädophiler oder anderer perverser Fantasien ihrer Bezugspersonen aufwachsen, tragen jedoch in den meisten Fällen psychische Beschädigungen davon. Dabei muss es gar nicht unbedingt zu einem

massiven sexuellen Übergriff gekommen sein, es reichen bereits entsprechende Zuschreibungen bzw. die Instrumentalisierung von Kindern als ungefragte Teilnehmer einer pathologischen Inszenierung (Mädchen werden als kleine verführerische Lolitas hergerichtet etc.). Diese Rollenspiele finden regelmäßig auf der Folie einer sentimentalen, verkitschten Erzählung von Unschuld und kindlicher Reinheit statt. Die monströse Tat, nämlich der sexuelle Missbrauch, wird gerne als eine auf die Antike zurückgehende „Kulturtechnik" verbrämt oder mit der „Freiheit der Kunst" gerechtfertigt.

Ich konnte damals als Teenager nicht erkennen, geschweige denn darüber reflektieren, dass die nymphenhaften Wesen aus David Hamiltons Fotoalbum, von denen ich glaubte, dass ich mich an ihnen messen und mich ihnen angleichen müsse, um interessant und begehrenswert zu sein, *Fantasieprodukte* ihres Erfinders waren und in realen Lebenszusammenhängen gar nicht existierten. Niemand aus meinem näheren Umfeld sah so aus! Es handelte sich um *seine Geschöpfe*, die, auf alle Ewigkeit zu aufreizender Kindlichkeit verdammt, die Kitschwelten ihres Urhebers bevölkerten und es dabei bis in die „Bravo" geschafft hatten. Selbst wenn es mir möglich gewesen wäre, mich den ätherischen Elfen optisch anzunähern oder mir ebenfalls den Habitus einer verführerischen Kindfrau zuzulegen, wäre das fatalerweise die Eintrittskarte in eben diese perverse Welt gewesen. Zum Glück konnte ich mir ein Restunbehagen bewahren, das einer gewissen anerzogenen Bodenständigkeit und meiner nonkonformen Lebensgeschichte geschuldet war. Dieses Unbehagen sowie die ersten feministischen Buchhandlungen, die in den 1970er-Jahren überall eröffnet wurden, verhinderten, dass ich mich weiterhin mit dieser wenig erfolgversprechenden Mimesis abmühte. Aber es dauerte eine ganze Zeit, bis ich soweit war, und etwas von dem Gift der frühen Jahre hat sich bis heute in meinen Knochen abgelagert.

„Ich hoffe, die sitzende Ballerina kann Menschen jeden Alters Hoffnung und Optimismus für die Zukunft geben, aber vor allem können kleine Kinder sie anschauen und ein Gefühl für ihr eigenes Potenzial bekommen", hatte Jeff Koons gesagt. Wenn man sich vor Augen hält, dass die Kunstinstallation dazu dienen soll, tausender vermisster, in den meisten Fällen vermutlich missbrauchter und getöteter Kinder zu gedenken, und dass deren verzweifelte Väter und Mütter mit diesem furchtbaren Erlebnis auf irgendeine Weise fertig werden müssen, macht einen die Äußerung von Koons sprachlos. Was ist das für ein „Potenzial", von dem der Künstler spricht? Betrachtet man seine Skulptur auf der Fifth Avenue, wie die meisten Passanten dies vermutlich tun, nämlich auf eine unvoreingenommene Weise und ohne sich in kunsthistorische Bewertungszusammenhänge zu vertiefen, dann drängt sich folgender Eindruck auf: Ganz offensichtlich besteht das kindliche Potenzial darin, eine verführerische Wirkung zu entfalten und bestimmte Erwachsene mit entsprechenden Rezeptoren sexuell zu animieren. Mit der Wahl des Sujets (klassisches Ballett) werden überdies Geschlechterstereotypen transportiert, in denen sich Mädchen mit kindlicher Statur als „sterbende Schwäne" für ihren Prinzen opfern und große Auftritte absolvieren. Wie sich (weibliche) Kinder mit einer solchermaßen klischeehaften Rollenidentität gegen potenzielle Vergewaltiger und Entführer wehren sollen (auch darum geht es bei dem Gedenktag), ist mir nicht nachvollziehbar. Der Subtext ist ein völlig anderer.

In einem Interview, das Michel Houellebecq 2008 anlässlich der legendären Jeff Koons-Ausstellung im Schloss Versailles bei Paris mit dem Künstler geführt hat, fragte ihn der Schriftsteller, weshalb er sich eigentlich mit Michael Jackson beschäftigt habe, ob dies das Ergebnis einer vorangegangenen Reflexion gewesen sei oder auf Intuition beruhe? Houellebecq bezieht sich dabei auf die auch in Versailles gezeigte vergoldete Porzellanskulptur „Michael Jackson and Bubbles" von 1988 (Sänger und Affe sind in identische goldene Fantasiekostüme gekleidet, haben den gleichen blassen Teint und denselben indifferenten Gesichtsausdruck. Der Affe sitzt wie ein Kind auf dem Schoß des Sängers, der dem Schimpansen wiederum seinen Arm um die Schultern legt und das Tier an sich drückt). Er sei vom „Ehrgeiz" des Sängers beeindruckt gewesen, antwortete Koons, und „von der Art, wie er mit Bildern spielte", wenn er beispielsweise mit seinem Schimpansen Bubbles auftrat. „Er besaß eine gewisse Radikalität, die ihn dazu antrieb, sich keine Zeit zu lassen, nicht dem normalen Lauf der Dinge zu folgen", heißt es in dem Interview.[157] Dann folgen einige Betrachtungen über den formalen Aufbau der Skulptur, die eine „Pietà"[158] sei, und dass er Michael Jackson zu einer „christlichen Persönlichkeit" habe machen wollen etc., aber Houellebecq lässt nicht locker und fragt *noch* einmal nach, was es denn nun *genau* sei, das Koons an Jackson so anziehend fände: „Ich würde gerne wissen, was Sie am meisten an ihm interessiert? Seine Video-clips, seine Art zu tanzen? Seine Fotos? Woher kommt Ihr Interesse an ihm?"[159] Koons antwortet: „Seine Art zu tanzen hat mich beeindruckt. […] Ich war beeindruckt von seiner Atmung und der Art und Weise, wie er sich ihrer bediente, wie auch andere Künstler vor ihm die sexuelle Dimension der Atmung benutzt haben […]."[160] Aber dann schweift Koons *wieder* ab und spricht über die formale Gestaltung seiner Skulptur. Er referiert eine Zeitlang über deren „pyramidenförmigen Aufbau" und die „Streifen von Michael Jacksons Hose", die in ihrer Pyramidenhaftigkeit auf Tutanchamun und Nofretete verweisen würden, bis das Interview plötzlich eine be-merkenswerte Wendung nimmt. Völlig unvermittelt und aus dem Zusammenhang gerissen stellt Houellebecq die Frage:

„Wie endete sein Prozess? Ich habe das Ende nicht ver-folgt…?" Mit dem Prozess spielt der Schriftsteller auf die Missbrauchsvorwürfe an, gegen die sich der Kinder-freund Jackson zwischen 2003 und 2005 (es ging um den fortgesetzten Missbrauch von Kindern unter 14 Jahren auf Jacksons Ranch „Neverland") verantworten musste. Bis heute sind diesbezügliche Gerüchte nicht verstummt. Koons antwortet, dass der Popstar zwar vor Gericht frei-gesprochen worden sei, die Öffentlichkeit ihn aber mit „extremer Härte" verurteilt und damit „sein Comeback verhindert hätte".[161] Letztlich hätten „die Leute ihm aber doch viele Gelegenheiten gegeben, sich zu beweisen. […]

Seine kulturschaffende Kraft beschäftigt uns alle, und wir wollen, dass sie wieder aufblüht."[162]

Es ist bestimmt kein Zufall, dass Houellebecq Koons Ego-Monolog (er redet lieber über sich selbst, als Fragen über Michael Jackson zu beantworten) so unvermittelt unterbrochen hat, um auf das Missbrauchsthema umzuschwenken. Houellebecq entfernte sich damit von den mit dem Künstler sonst üblichen Interviewkonventionen, die normalerweise darin bestehen, dass *Jeff Koons* Regie führt und niemand sonst. Und da er, ebenso wie Koons, ein Meister der Provokation ist, besitzt er einen siebten Sinn für heikle Themen und liebt es, seinen Finger in offene Wunden zu legen. Mit sicherem Instinkt hat er das Befremdliche, das die Skulptur umgibt, aufgegriffen. Michael Jackson hatte den Schimpansen 1984 von einem Tiertrainer gekauft und war in der Folge vier Jahre mit Bubbles auf Welttournee gegangen. Er bezeichnete den Affen, der ebenfalls auf der „Neverland Ranch" lebte, in einem Kinderbett schlief und mit dem Sänger gemeinsam Mahlzeiten einnahm und Kinofilme schaute, als „seinen besten Freund". Das ging so lange gut, bis das Tier sich gegen die wenig artgerechte Haltung zu wehren begann und aggressiv wurde, weshalb es schließlich wieder verkauft werden musste. Jackson instrumentalisierte Bubbles auf eine Weise, wie man es ihm auch in Bezug auf die Kinder vorgeworfen hatte, welche er auf seiner Ranch beherbergte, wobei in letzterem Fall auch noch der sexuelle Missbrauch im Raum stand. Koons Skulptur zeigt nun Bubbles, der wie ein Kind auf dem Schoß des Sängers sitzt. In seiner mit Jacksons Fantasieuniform völlig identischen Aufmachung wirkt der Affe wie das *Geschöpf* seines Besitzers. Das Ensemble gehört zu der Werkgruppe „Ushering in Banality" (Die Banalität wird eingeführt), über die der Kunsthistoriker Zaunschirm schreibt: „Der Hygiene, dem Sport, dem Alkohol und der Werbung folgten allerdings mit ‚Banality' zwei entscheidende Erweiterungen, die nicht nur konzeptionell [...] ausdeutbar waren, sondern von den Themen her weite Kreise anzusprechen vermögen: Kitsch und Pop im weitesten Sinn, unter Einschluss religiöser, märchenhafter und sexueller Aspekte. Die Zone des Tabus wird überschritten, was die Banalität der Motive, ihre kitschige Präsentation anlangt. Zugleich wird mit tabuisierten Themen spielerisch umgegangen, sodass sie mehr befremden als schockieren."[163] Zu „Banality" gehört auch eine 115 cm hohe Porzellan-Gruppe mit dem Titel „Nackt". „[Sie] gibt zwei nackte Kinder wieder, sozusagen das erste Menschenpaar, das sich unschuldig der Sexualität am Beispiel eines Blütengebindes zuwendet. Dem (erwachsenen) Käufer dieser niedlichen Gruppe eröffnet sich der Besitz tabuisierter Kinder-Sexualität, die der Künstler dem Voyeur preisgibt."[164]

Koons, in dessen Werk „Reinheit" und „Unschuld" zentrale Kategorien sind, wurde 1989 mit seiner Skulptur „Made in Heaven", die im „Aperto" der Biennale von Venedig gezeigt worden war, international bekannt. Eine Skulptur stellt ihn zusammen mit seiner Kurzzeitehefrau, dem italienischen Pornostar Ilona Staller (auch bekannt als „Cicciolina") beim Koitus dar. Man inszeniert sich als „Adam und Eva" NACH dem Sündenfall, wobei

Cicciolina als unschuldige, blumenbekränzte Kindfrau erscheint, die sich, nur mit Strapsen und BH bekleidet, lasziv auf einer riesigen Schlange räkelt und von allerlei niedlichem Zierrat umgeben ist. Koons, der in zahlreichen Interviews den ideologischen Hintergrund und Überbau seiner Installationen liefert, welcher *integraler Bestandteil* seiner Kunstproduktion ist,[165] propagiert in diesem Zusammenhang die Überwindung jeglicher Scham- und Schuldgefühle. Die zur Kunst erhobene exhibitionistische sexuelle Betätigung soll den Sündenfall rückgängig machen und – so Koons – überdies dazu dienen, möglichst viele Menschen dazu zu ermutigen, ebenfalls jegliche Scham aufzugeben und sich sexuell zu befreien. Es geht dem Künstler um nichts Geringeres als darum, die *Erlösung der Menschheit* zu propagieren, wobei er wie ein „amerikanischer Fernsehprediger"[166] auftritt. Neben der schon erwähnten Skulptur wurden weitere Darstellungen/Fotografien mit Titeln wie „Dirty Ejaculation", „Ilona's Asshole", „Ilona's Blowjob" oder „Ilona on the Top" gezeigt. Zu einem angekündigten *Film* mit dem Titel „Made in Heaven", der Koons und Ilona Staller bei allen möglichen Spielarten des Sex gezeigt hätte, wobei „die demonstrierte Sexualität durch Liebe ihren pornografischen Charakter verlieren sollte"[167] (so Koons), ist es nicht mehr gekommen, denn die „vollendete sexuelle, spirituelle, intellektuelle Beziehung" mit Ilona, der „ewigen Künstlerin"[168] währte nur kurz. Man trennte sich bereits nach einem Jahr Ehe, kurz nach der Geburt des gemeinsamen Sohnes Ludwig Maximilian (benannt nach dem gleichnamigen Bayernkönig), den Koons als „biologische Skulptur" für sich reklamierte und um den ein jahrelanger erbitterter Sorgerechtsstreit tobte. Obwohl US-amerikanische Gerichte Ilona Staller aufgrund ihrer Tätigkeit als Pornodarstellerin das Sorgerecht für Ludwig entzogen hatten (während die komplementären pornografischen Aktivitäten von Jeff Koons in die Kunstgeschichtsschreibung eingingen), nahm sie den gemeinsamen Sohn mit nach Italien, wo er bis heute zusammen mit seiner Mutter lebt. Koons gelang es trotz enormer finanzieller und juristischer Anstrengungen nicht, seinen Sohn zurück in die USA zu holen, denn die italienischen Gerichte hatten im Sinne seiner Ex-Frau entschieden. Koons mag dies als schwere narzisstische Kränkung empfunden haben. Nur kurze Zeit nach der Trennung von Ilona Staller heiratete Koons die junge Südafrikanerin Justine Wheeler, mit der er in der Folge sechs weitere Kinder zeugte. 2007 gründete er als Reaktion auf seine juristische Niederlage in Italien eine Non-Profit-Organisation namens „The Koons Family Institute on International Law & Policy", die an das „International Centre for Missing & Exploited Children" angegliedert ist. Es stellte finanzielle Mittel im Ausmaß von mehreren Millionen Dollar für Forschungszwecke zur Verfügung, deren Ziel darin bestehen sollte, die Kinderschutz-Gesetzgebung auf internationaler Ebene zu verbessern und zu vereinheitlichen.[169] Man könnte auch sagen, dass Koons große Geldsummen dafür aufgewendet hat, eine global heterogene Rechtsprechung zu torpedieren, die ihm aus seiner Sicht übel mitgespielt hatte. Wenn sein Sohn Ludwig, dem er ursprünglich den Vornamen „Kitsch" geben wollte, die „biologische Skulptur"[170] seines Vaters ist, dann wird dem Jungen nicht nur die Autonomie abgesprochen, sondern er ist auch das *Eigentum* seines „Schöpfers". Und wenn es um Besitz und den Erhalt von Eigentum geht, versteht Jeff Koons keinen Spaß. Im März 2008 sah sich Ilona Staller genötigt, gegen ihren Exmann und den Vater des gemeinsamen Kindes Anzeige zu erstatten, weil er der gerichtlich vorgeschriebenen Unterhaltsverpflichtung nicht nachgekommen war. Es waren Alimente in der Höhe von 1,5 Millionen Euro ausständig.[171]

„Ich kenne aus meinen Anfängen das Gefühl, zahlungsunfähig zu sein. Deshalb habe ich mir nie in den Fuß geschossen, wenn es darum ging, meine Kunst so teuer wie möglich zu verkaufen"[172], ließ sich Koons kürzlich in einem Interview vernehmen, als er auf die Rekordpreise seiner Skulpturen angesprochen wurde (seine stählernen „Balloon Dogs" brachten 2013 im Auktionshaus Christie's in New York 58,4 Millionen Dollar ein). Bereits mit Mitte zwanzig hatte der Künstler, der unbestritten über eine ausgeprägte Marketingkompetenz verfügt, aufgehört, selber Hand an seine Werke zu legen. Er *ließ* fertigen und scheute auch nicht davor zurück, sich ungefragt bei anderen Zeitgenossen zu bedienen, was ihm diverse Plagiatsprozesse einbrachte. Inzwischen beschäftigt er in einem 3.300 Quadratmeter großen Studio einen Mitarbeiterstab von rund 130 Assistenten, die seine Ideen umsetzen.[173] Daneben kooperiert er mit Luxusartikelherstellern wie dem Weingut Château Mouton-Rothschild (Weinflaschenetikett), BMW (Design des „Art-Car") oder versieht Handtaschen des Modeimperiums Louis Vuitton mit sattsam bekannten Motiven aus der

Kunstgeschichte (wie dem der „Mona Lisa" und anderen bereits millionenfach reproduzierten Abziehbildern, für die er die Werke von Rubens, Fragonard und van Gogh plünderte), wobei sowohl der Name des jeweiligen – man möchte fast sagen *missbrauchten* – Malers als auch Koons eigene Initialen in großen goldenen Lettern auf den Taschen prangen, deren Preise durchweg im vierstelligen Eurobereich angesiedelt sind. Die Gestaltung eines Plattencovers für die Popsängerin „Lady Gaga" gehört ebenfalls zu seinen enorm einträglichen Aktivitäten. Der Kunstkritiker Walter Grasskamp fand für Koons, den „Meister der affirmativen Satire"[174], wenig schmeichelhafte Worte und bezeichnete ihn unter anderem als „Frankenstein der Marktwirtschaft" und „Ausgeburt des New Yorker Hardcore-Kapitalismus"[175], dessen „Werk vollständig frei [sei] von jeglicher Kontamination durch ein handwerkliches Talent. [...] Mögen solche Trophäensammlungen auch das Missverständnis stärken, es ginge im Reich der Koons-Stücke noch mit geregelten *Dingen* zu, so hat Koons ein Werk nur gezwungenermaßen, weil man eben eins braucht, um als Künstler zu Ruhm und Geld zu kommen, aber nur so, wie ein Rennfahrer ein Auto braucht. Koons hat in den letzten zehn Jahren eine Ansammlung von Gegenständen und Bildern nach bewährten Wahrnehmungsrastern der Moderne ausgesucht oder anfertigen lassen, doch sind sie kaum mehr als die Vehikel eines versierten Trittbrettfahrers."[176]

Ob Koons mit seinen kalkulierten Tabubrüchen und gezielten Provokationen die Grenzen dessen, was „Kunst" ist, erweitert oder ob er der in diesem Fall wirklich *sprich-*

wörtliche „Kaiser ohne Kleider" ist (quasi ein Scharlatan auf pornografischen Abwegen), dem „der Kunstbetrieb die Funktionalisierung der Kitschästhetik als avantgardistische Provokation honoriert",[177] müssen die Kunstwissenschaftler beurteilen, die darüber höchst kontrovers diskutieren. Aber einmal abgesehen von der Bewertung des Koonsschen Œuvres als „Kunst" oder „Spektakel", lassen sich in Bezug auf die Exegese seines Werkes, für das der Künstler wortreich die alleinige Deutungshoheit beansprucht, und der tatsächlichen Außenwirkung seiner Arbeiten eklatante Widersprüche beobachten. Wie schon anfangs anhand der „Sitzenden Ballerina" dargelegt, existieren die Zuschreibungen des Künstlers völlig losgelöst vom tatsächlichen Erscheinungsbild seiner Objekte. Es käme wohl kaum jemand von sich aus auf die Idee, die süßlich aufreizende Mädchenfigur als ein Kunstwerk zu verstehen, das „Menschen jeden Alters Hoffnung und Optimismus für die Zukunft" und „kleinen Kinder ein Gefühl für ihr eigenes Potenzial"[178] bescherte (Koons). Nun könnte man einwenden, dass Koons vielleicht, in quasi surrealistischer Tradition, beabsichtigen würde, herkömmliche Sehgewohnheiten zu erschüttern und die Betrachter seiner Werke zu verstören, indem er mit seinen Werkerklärungen ihre Wahrnehmung in Frage stellte. Auch „Ironie" wird ihm in verschiedenen Publikationen immer wieder attestiert; „[...] vermutlich in der Hoffnung, der Eindimensionalität der Arbeiten doch noch eine tiefere Bedeutung zu verleihen und seinen Angriff auf eine Kunstauffassung, die sich aus Geschichtlichkeit, Reflexion und Kontemplation speist, umzudeuten."[179] Darauf angesprochen, weist Koons, über dessen

Humorlosigkeit ich keine Zweifel hege, solche Lesarten seiner Kunst jedoch regelmäßig vehement zurück und unterstreicht einmal mehr die Ernsthaftigkeit seiner visionären Anliegen.

Die Erkenntnis, dass sich der Kitsch *gerade* in diesen oben geschilderten Verwerfungen eingenistet hat und sich *nicht* etwa, wie es die Motive nahelegen, auf die glänzenden Oberflächen der vom Künstler verwendeten trivialen Objekte beschränkt, verdanke ich unter anderem der Studie „Die Kunst der Postproduktion – Jeff Koons in seinen Interviews"[180] von der Kunstwissenschaftlerin Anne Breucha, deren umfangreiche Untersuchung sich in ihrer intellektuellen Redlichkeit wohltuend von den zahlreichen Katalogtexten etc. abhebt, deren Verfasser im Wesentlichen aufgeschrieben haben, was ihnen der stets um Medienpräsenz bemühte Jeff Koons in die Aufnahmegeräte diktiert hat. Die Autorin hat sich der Herkulesaufgabe gestellt, sämtliche Selbstäußerungen des Künstlers – hauptsächlich in Form von Interviews – aus einem Zeitraum von mehr als dreißig Jahren auszuwerten. Eindrucksvoll zeigt sie, wie „Koons' Selbstinterpretation per Interview auf die Objekte übergegangen ist",[181] die ausschließlich durch seine verbalen Zuschreibungen ihren Platz in einem bestimmten Sinnzusammenhang finden. Nicht der Betrachter bestimmt, was er sieht, sondern Koons gibt dem Betrachter vor, was er sehen soll. Der Kunstkritik erteilt er damit eine Absage. Doch was ist, abgesehen von dem Erreichen maximaler Gewinnspannen, das genaue Anliegen von Jeff Koons? Wie setzt sich die Atemluft zusammen, mit der er seine

Objekte aufbläst? Aus welchem Stoff ist die „Bedeutsamkeit", die er seiner Kunst umhängt? Und wo wohnt der Kitsch bei Koons?

Wie kaum ein anderer Repräsentant der Kunst-Welt hat sich Koons eine Biografie zugelegt, die man als Erschaffung eines Mythos bezeichnen könnte, den er immer wieder eilfertig und mit einer ausgeprägten Selfmademan-Attitude in zahllosen Interviews tradiert. Er besitzt gewissermaßen das Copyright auf die Kunstgeschichte, in deren wissenschaftlichen und historischen Kontext er sich und seine Arbeiten beliebig mal hier, mal dort einordnet; einmal als „Nachfolger von Picasso und Duchamp"[182], dann wieder als Künstler vom Rang eines antiken Bildhauers oder als jemand Bedeutender, der sich nahtlos in die Tradition der französischen Kunst des 19. Jahrhunderts einfügt etc. Ein unspektakuläres Kinderfoto, wie sie in den 1950er-Jahren von professionellen Kindergarten- oder Schulfotografen hergestellt worden sind, verklärt er zu einem Dokument schöpferischer Initiation und reiht es, eingefasst in einen Leuchtkasten, in den Kanon seiner Werke ein. Es zeigt den kleinen Jeff als brav gescheitelten, zugeknöpften Vierjährigen, der vor einem Kasten Wachsmalkreide und einem unberührten Malblock sitzt („I felt like an artist when I was four and a half years old"[183]). Als solchermaßen „geborener Künstler" setzte er seine Karriere, nach eigenen Aussagen, im elterlichen Geschäft für Inneneinrichtung gewinnbringend fort, indem er künstlerisches Talent mit einem ausgeprägten Sinn für unternehmerische Erfolge verknüpfte.

My father started showing my work in the window of his store when I was nine years old. The paintings would sell for seven or eight hundred dollars.[184]

Das ist insofern ein interessantes Detail, als Koons bekanntlich am Fertigungsprozess seiner Werke nicht selber beteiligt ist, also – im übertragenen Sinne – in seiner Karriere vermutlich selten einmal eine Wachsmalkreide angefasst hat. An diese Anekdoten reihen sich weitere hagiografische Legenden, die sich aus einem realiter eher durchschnittlichen Intermezzo als Mitarbeiter des Museums of Modern Art in New York (MoMA) und aus seiner Zeit als gut verdienender Börsenmakler an der Wallstreet speisen. Zum Kanon der Koons-Mythen gehört auch die periphere, von ihm jedoch als schicksalshaft dargestellte Begegnung mit Salvador Dalí, den er kontaktiert hatte, während dieser sich anlässlich einer Ausstellung in einem New Yorker Hotel aufhielt. „Meeting Dalí had a big impact on me. That evening, on the way back home, I thought to myself: I could do this. Art could be a way of life."[185] Anne Breucha bemerkt dazu treffend: „Man kann sich vorstellen, was Koons beeindruckt hat. Der Meister der Selbstinszenierung wird dem jungen Koons eine Showeinlage geboten haben, schon allein durch seinen Kleidungsstil, das unverkennbare Gesicht mit dem Schnurrbart als Markenzeichen, mit den präsentierten Werken und nicht zuletzt durch das gekonnte Spiel mit der Presse. Egal ob sich Koons bei der kurzen Begegnung schon darüber im Klaren war oder sich erst in der nachträglichen Rezeption über die Mechanismen bewusst wurde, das ‚durchkomponierte Kunstprojekt' Dalí dürfte ihm genug Lernmaterial für die eigene Inszenierung und Vermarktung geboten haben. Bei allen grundlegenden Unterschieden beider Künstler in ihrer Ausdrucksweise sind sie sich doch in ihrer allseitigen Steuerung der Rezeption ihres Werkes sehr ähnlich. Beide zeichnen sich durch eine ungeheure Koordinationsstärke von Selbstdarstellung, Kunstobjekten und medialer Verbreitung aus."[186]

Die Selbststilisierung des Medienprofis Jeff Koons ist konstituierend für seinen wirtschaftlichen und gesellschaftlichen Erfolg, und es ist immer wieder erstaunlich, dass er damit nicht häufiger auf Widerstand oder Zweifel stößt. Wie mit einer Nebelmaschine hüllt er seit über dreißig Jahren die Rezipienten seiner Kunstproduktion mit den immer gleichen Versatzstücken seiner egomanen Bekenntnisprosa ein (Koons tritt als Therapeut und Erlöser auf, der die „Massen" vom Joch eines intellektuellen Kulturbegriffs und von ihren sexuellen Hemmungen befreien will), die man *der Form* nach auch aus der propagandistischen Sphäre totalitärer Regime kennt. Zwar behauptet Koons nicht, wie der nordkoreanische Diktator Kim Jong-il, auf einem heiligen Berg geboren worden zu sein, während Kraniche und ein doppelter Regenbogen die Ankunft des gottgleichen Herrschers ankündigten, aber seine ins Kindergartenalter zurück datierende Initiation als einer der bedeutendsten Künstler seiner Zeit ist in ihrer Darstellung nicht weniger surreal („I've been an artist since I was born"[187]). Die Fama von Kim Jong-il, der angeblich schon im Alter von drei Wochen laufen konnte, um sich dann – abgesehen von seinen Führungsqualitäten – gleichermaßen zum Schriftsteller (1.500

Bücher soll er geschrieben haben), Opernkomponisten (sechs Opern) und besten Golfspieler aller Zeiten zu entwickeln, wird von Koons mit einem Verweis auf seine eigenen messianischen Qualitäten noch übertroffen. In einem Interview über seine zum Kunstwerk umgedeuteten pornografischen Aktivitäten mit Ilona Staller (s. o.) ließ sich Koons mit dem Statement vernehmen: „We become everyone. We are just one. You know, we're God."[188]
Im „Hinblick auf die Größe des Werkes ,Made in Heaven' (so Koons) konkurriere er sogar mit dem Vatikan".[189] Da nimmt es nicht Wunder, dass auch die Kunstwerke monumentale Dimensionen haben müssen, sowohl bei Koons, dem Maître de Plaisir der Superreichen, dessen knallbunte aufgepumpte Riesenspielzeuge es mit der finanziellen Hilfe eines privaten Sponsors bis nach Versailles in das Schloss des absolutistischen Sonnenkönigs Ludwig XIV. geschafft haben, als auch in Nordkorea, in dem gigantische Denkmäler dröhnende Heldengeschichten erzählen und es genaue Regeln gibt, wie groß das aktuelle Führerbild sein muss. Nämlich *sehr* groß! Hier wie dort wird dem monumentalen Kitsch gehuldigt, hier wie dort herrscht eine dumpfe Intellektuellenfeindlichkeit vor, und hier wie dort ist wirklich *nichts* zu banal, als dass es nicht auf die jeweiligen Erlöserfiguren (Kim und Koons) verweisen würde, die sich anschicken, der Menschheit ihre schlichten Ideologien aufzunötigen. Dass der jüngste Führer der Kim-Dynastie, Kim Jong-un, Disney-affin ist und 2012 in den USA für Unmut gesorgt hatte, weil er in einer Unterhaltungsshow unter anderem Mickey Mouse, Tigger und Goofy auftreten ließ, korrespondiert auf frappierende Weise mit den Vorlieben von

Jeff Koons („I always liked Disney films. To this day I think *Bambi* is great").[190] Für seine naturgetreue Replik von „Popeye", dem Spinat vertilgenden, kraftmeiernden Matrosen aus der gleichnamigen Comicserie, lukrierte Koons auf einer Auktion in New York die stattliche Summe von 28 Millionen US-Dollar.[191] Allerdings folgten für ihn daraus *keine* urheberrechtlichen Konsequenzen, während man Kim Jong-un das vergleichsweise harmlose Mickey-Mouse-Ballett im Staats-TV übel nahm. Das US-Außenministerium forderte den Führer Nordkoreas offiziell dazu auf, seine „internationalen Verpflichtungen" einzuhalten und „die Rechte des geistigen Eigentums" zu respektieren.[192] Jedenfalls scheinen Größenwahn und Infantilismus miteinander zu korrelieren, ob nun in New York oder in Pjöngjang. Das Ergebnis ist in beiden Fällen Kitsch; im Fall der Kim-Dynastie haben wir es mit pathetischem Erhabenheitsschwulst zu tun, und bei Koons ist der Kitsch monströser Ausdruck einer zum Bedeutungspopanz aufgeblasenen Regression.

Für den Kunsthistoriker und ehemaligen Direktor des Pariser *Centre Georges Pompidou*, Werner Spies, für den die oben erwähnte Ausstellung in den Prunkräumen des Versailler Schlosses (2008–2009) zu den „größten und unerwartetsten Blasphemien" zählt, die seinerzeit denkbar waren, ist Koons ein „Meister des Facelistings und des pneumatisch gefüllten Körpers", der gänzlich „ohne Ironie im Kinderzimmer" säße. „Vor zwanzig Jahren umgab sich Koons in seinem riesigen Atelier am Broadway mit den Plüschtieren, die seinem kleinen Sohn Ludwig gehörten, den seine Frau, die Pornodarstellerin und italienische Politikerin ‚Cicciolina', vulgo Ilona Staller, nach

Italien entführt hatte. […] die Regression in den Kindergarten bildet den existentiellen Hintergrund fast aller (seiner) Arbeiten." Und er fährt fort: „Man schwankt zwischen Unglauben, Horror und Faszination durch eine derart unwahrscheinliche Exzentrik. Doch die Leere, die man spürt, die dieser geleckte Albtraum von Bildern und Skulpturen ausschwitzt, ist so stark, dass man es mit der Angst zu tun bekommen kann, der Angst darüber, […] wie hilflos wir den künstlerischen Behauptungen ausgeliefert sind. […] Es ist diese Negation der ästhetischen Grenze, die dem Werk von Koons seinen eigenartigen Sound verleiht."[193]

Das isolierte, nachgerade schizoide Nebeneinander von behaupteter „Reinheit" und „Unschuld" einerseits und zur Kunst erhobener Pornografie („Ilona's Asshole" 1999), latenter Pädophilie („Naked" 1988, „Die sitzende Ballerina" 2017) und sadistischer Fantasien („Woman in Tub" 1988) andererseits kann einem tatsächlich „Angst" einjagen. Zwar betont Koons in zahlreichen Interviews, dass er mit seinem Werk keine Inhalte vermitteln will, sondern darauf abzielt, massenwirksame Effekte zur „Steigerung der eigenen Bekanntheit und Steigerung des Marktwertes"[194] zu erzielen („Getting seventeen million Dollars for a single painting – this is power"[195]), seine Arbeiten sind dennoch nicht bedeutungsleer. Laut Koons sollen sie „Menschen eine optimistische Erfahrung"[196] ermöglichen und als „Initialzündung zu einer positiven Lebensgestaltung dienen".[197] Aber sie entwickeln durch ihre immanenten Botschaften auch ein spezifisches Eigenleben, über das ihr Erschaffer keine Kontrolle hat.

Die ausgestellten Objekte laden nämlich zu bestimmten *Gegenübertragungsreaktionen* ein, wie wir sie aus der Psychoanalyse kennen. Zur Erinnerung: In der „Gegenübertragung" nehme ich die (unbewussten) psychischen Zustände und Gefühle wahr, die mein Gegenüber abgespalten hat. Ich kann mich über die Manifestationen seiner emotionalen Innenwelt (in dem Fall die Kunstobjekte), aber auch über die Art und Weise, wie sich mir das Gegenüber als Person präsentiert, *konkordant,* also gefühlsmäßig übereinstimmend, mit ihm identifizieren. Ich kann aber auch eine *komplementäre,* also eine entgegengesetzte emotionale Reaktion entwickeln, wie ich am folgenden Beispiel zeigen will:

In der exzellenten Untersuchung der hier schon mehrfach zitierten Kunstwissenschaftlerin Anne Breucha („Jeff Koons in seinen Interviews") findet sich eine Passage, die ich bemerkenswert finde, weil sie etwas über die Gegenübertragung der Verfasserin verrät. Zu Koons Erscheinungsbild in der Öffentlichkeit medialer Inszenierungen hat sie folgende Assoziation: „Gutaussehend aber doch unauffällig, gepflegt aber nicht extravagant, mit einem jung gebliebenen Allerweltsgesicht, das man nach einer zufälligen Begegnung sofort wieder vergessen würde, wäre Jeff Koons in einem Thriller die ideale Besetzung für die Rolle des freundlichen Nachbarn, der sich im Laufe des Films als Psychopath entpuppt."[198] Wie ein roter Faden zieht sich der Eindruck einer gewissen *Janusköpfigkeit* des Künstlers durch fast alle Beiträge der kritischen Koons-Rezeption. Immer wieder stieß ich während meiner Recherchen auf ähnliche Reaktionen von Journalisten oder Kunstwissenschaftlern. Einer der entschiedendsten Kritiker von Koons, der nicht mit pointierten Einschätzungen hinter dem Berg hält, ist der schon erwähnte Kunsthistoriker, Soziologe und Mitglied der Berliner „Akademie der Künste", Walter Grasskamp. Er begibt sich in seiner gleichermaßen scharfsinnig wie amüsanten Streitschrift „Der lange Marsch durch die Illusionen" auf „Kaffeefahrt mit Jeff Koons" und hält dabei folgende Eindrücke fest: „So sieht er also aus, der amerikanische Traum, ein angejahrter Chorknabe, verbindlich wie ein Versicherungsvertreter, auskunftsbeflissen wie eine Talkshow und aufrichtig wie ein Bigamist. [...] Bei Koons hat man den Eindruck, in einer Art Wohlstandsverwahrlosung könnten die spaßigen Dämonen des Werbefernsehens seine einzigen Spielgefährten gewesen sein. Im Wortsinne heimgesucht vom endlosen Chor der Zahnpasta- und Strumpfanpreiser, die ihre ganze Glaubwürdigkeit in eine dreiste Werbelüge investieren, musste das Opfer schließlich von den Tätern lernen. Es sind jedenfalls ihre tausendmal gesehenen Gesten, in die Koons beim Anpreisen seiner Werke verfällt, die ebenso aufgeregte wie leere Körpersprache des vorsätzlichen Betrugs. Seiner Mimik ist die Anstrengung dieser physiognomischen Täuschung bei genauerem Hinsehen ablesbar; die Wangen zittern leicht, und das Lächeln gefriert noch kälter als bei der britischen Königin. So müsste auch dem Arglosen langsam der Verdacht dämmern, die Veranstaltung könnte sich als Kaffeefahrt erweisen und ein finales Angebot von Rheumadecken zu gewärtigen sein."[199] Grasskamp konstatiert bei Koons unlautere Ambitionen (Werbelügen, Täuschung), die sich unter der Antihaftglasur blitzsauberer Wohlanständigkeit verbergen. Sowohl Grasskamp als auch andere Kunstwissenschaftler verwenden im Zusammenhang mit dem Medienprofi und Repräsentanten des globalen Finanzmarktkapitalismus, Jeff Koons, immer wieder Begriffe wie „leer", „hohl" oder „monströs". Ein ganz wesentlicher Faktor, der diesen Eindruck begünstigt, ist sicher die von ihm praktizierte „moralische Aufladung der Konsumwelt"[200]. „Als ein Kind des Kapitalismus macht Koons nicht vor der Kunst als einer der letzten Hochburgen der Moral halt, sondern betrachtet sie als ein Kommunikationsfeld, das in die Realität von Unterhaltungsindustrie und Massenkonsum eingebunden ist und der Befriedigung von Bedürfnissen dient."[201] Dabei geht es in erster Linie um die Bedürfnisse von Koons selber, der sich erst plagiierend aus dem Reservoir der Populärkultur bedient und die daraus entstehenden Objekte dann mit Pseudobedeutung auflädt, um sich und seine zahlungswilligen Kunden damit aufzuwerten. Dabei profitiert er doppelt, denn er generiert in bestimmten Kreisen sowohl Ruhm und künstlerische Anerkennung als auch enorme finanzielle Gratifikationen. Koons Arbeiten zählen, neben denen von Damien Hirst, zu den teuersten der Welt! Aber auch die Kunst*käufer*, die selbstverständlich *nicht* den minderbegüterten Schichten *jenseits* der Hochkultur entstammen, die Koons mit seiner eingängigen Motivwahl angeblich erreichen und bedienen will, steigen gut aus. Der Kunstkritiker Wolfgang Ullrich spricht in diesem Zusammenhang von „Siegerkunst"[202] (im Gegensatz zu „Museumskunst"), deren Preis keinen Wert abbildet, sondern den Vermögensstatus desjenigen repräsentiert, der sie erworben hat bzw. der sie sich leisten kann.[203] „Und je trashiger und provokanter das ist, wofür so viel Geld ausgegeben wird, je beliebiger es aussieht, desto größer ist die Schockwirkung, die ein hoher Preis erzielt. Entweder, so die Annahme der Außenstehenden, muss der Reiche dann so reich sein, dass eine Million für ihn nicht viel bedeutet, oder er hat Beweggründe für sein Kaufverhalten, die der großen Mehrheit nicht nachvollziehbar sind. In beiden Fällen distanziert sich der Reiche also uneinholbar und erlangt einen gesellschaftlichen Ausnahmestatus. […] Je verrückter und absurder ein Preis, desto größer ist nicht nur der Distinktions- sondern ebenso der Erlebnisgewinn für den Käufer. Wegen der von ihnen ausgehenden Wirkungen können die Preise aber nicht als Indikator für den Wert des jeweiligen Kunstwerkes fungieren. Ob ein Gemälde oder eine Skulptur eine sechs-, sieben- oder achtstellige Summe kostet, lässt keinen Schluss darauf zu, ob das jeweilige Werk gut, zehnmal so gut oder hundert mal so gut ist […], sondern verrät seine Eignung als ein Objekt, mit dem sich Reichtum schillernder, paradoxer, rätselhafter, skandalöser, cooler in Szene setzen und erfahren lässt, als mit anderen Objekten."[204] Man könnte auch mit einer verbreiteten Wendung sagen: Koons holt seine Kunden dort ab, wo sie stehen. Dabei biedert er sich an den Massengeschmack an und greift erfolgreich das Kitschbedürfnis seiner Klientel auf, was seine ökonomische Trefferquote deutlich erhöht. Wer eine Louis Vuitton-Handtasche („The Masters Collection") für mehrere tausend Dollar besitzt, die beispielsweise mit dem von Koons adaptierten Mona Lisa-Konterfei versehen ist, kann sich gleichermaßen als Kunstkenner fühlen

UND den kalkulierten Tabubruch in der Vollkaskoversion proben. Die Geschäftsbeziehung zwischen Koons und seinen Kunden scheint also eine Win-win-Situation zu sein. Mich erinnert sie auch an bestimmte Formen der Aktienmanipulation durch Insiderhandel, in denen keine *realen* Werte gehandelt werden, sondern *manipulative* Anlagestrategien zum Einsatz kommen, die auf fiktiven Annahmen beruhen.

Wie schon dargelegt, wird anhand der genaueren Beschäftigung mit Jeff Koons einmal mehr deutlich, dass Kitsch und Humor/Ironie sich gegenseitig ausschließen. Wird Kitsch als ironisches Zitat verwendet, dann ist es keiner mehr. Während die Ironie Distanz (auch zu sich selber) erfordert und Widersprüchliches auslotet, besteht der Kitsch darin, Komplexität zugunsten von Pseudoharmonie und Gemeinplätzen einzuebnen. Dem Kitsch wohnt die Lüge inne, denn er funktioniert nur im Sinne einer Entmischung der Gefühle. Das „positive Denken", also die küchenpsychologische Entsprechung des Kitsches, erfordert die Abspaltung hässlicher Gedanken und Gefühle, die sich – wir erinnern uns – schließlich als Projektionen und im schlimmsten Fall als perverse psychische Verfasstheit niederschlagen.

Man würde es sich daher zu einfach machen, Koons nur deshalb als Kitsch-Produzenten zu bezeichnen, weil er sich bestimmter „kitschiger" Elemente bedient und diese in handwerklich aufwändiger Weise in einen seriösen Museumskontext stellt; ganz abgesehen davon, dass sich Koons selber von der Unterstellung, es ginge ihm darum, den Kitsch zu ironisieren, immer wieder distanziert. Er spricht in diesem Zusammenhang lieber von „Banality", im Sinne einer positiv konnotierten, unangestrengten Simplizität, die auch nicht-intellektuelle Rezipienten dazu einladen soll, der Hochkunst zu frönen; denn zum Vertreter einer solchen gezählt zu werden, ist Koons ein wichtiges Anliegen. Aber Koons ist vor allem ein Meister, um nicht zu sagen ein *Künstler* der Manipulation! Er jongliert mit Begriffen und knetet sie so lange und ausdauernd, bis sie sich seinen Zwecken osmotisch anverwandeln und dabei ihrer eigentlichen Bedeutung verlustig gehen – ähnlich wie Nigel, der Wirrwarrstifter aus dem Behandlungszimmer des Kinderanalytikers, der „ruler, ruler" rufend mit dem Lineal in der Gegend herumfuchtelte und sich anschickte, seinen Therapeuten zu beherrschen.

Um nun dem tatsächlich vorhandenen Kitsch bei Koons genauer auf die Spur zu kommen, möchte ich noch einmal zu der eingangs erwähnten „Sitzenden Ballerina" zurückkehren. Das süßliche Erscheinungsbild der Skulptur mit ihrer aufdringlichen Kitschoptik ist in erster Linie dazu angetan, im Betrachter einen Wiedererkennungseffekt (Corporate Design) auszulösen und knüpft damit an markt- und werbestrategische Parameter an. Im Verbund mit den Äußerungen von Koons zum Gedenktag der vermissten Kinder (seine Skulptur würde „Optimismus und Hoffnung" ausdrücken – Kindern schenkte sie ein „Gefühl für ihr eigenes Potenzial" etc.) werden dann allerdings gleich mehrere Kriterien für Kitsch in seiner pervertierten Form erfüllt. Koons überzieht ungeheuerliche Taten wie Kindesentführung oder einen damit verbundenen potenziellen sexuellen Missbrauch mit einer sentimentalen Tünche, die man eigentlich nur als Verhöhnung der Opfer und ihrer Angehörigen verstehen kann. Es ist, wie schon eingangs gesagt, die gleiche Verharmlosung sexueller Gewalt an Kindern wie sie auch Pädophile praktizieren, die ihre ausbeuterischen Aktivitäten in die Sphäre von Reinheit und Unschuld transferieren. Dass Koons sich mit seiner Skulptur an ein emotional hoch besetztes Thema geheftet hat, ist sicher kein Zufall, sondern der Instrumentalisierung eines Jahrestages mit „Horrorfaktor" geschuldet. Der Kitsch strebt nach aufgeputschten Gefühlen, auf denen es sich dann trefflich surfen lässt. Und darum scheint es Koons zu gehen! Eine bunte Plastik zur Eröffnung der Bundesgartenschau in Kiel zu entwerfen, würde ihn wohl kaum in gleicher Weise interessieren. Und auch niemanden sonst.

Koons Auslassungen zu den verschwundenen Kindern in den USA waren jedoch erst der Anfang seiner Publicity erzeugenden Opfer-Vereinnahmung. Der Amerikaner verfolgt derzeit die Absicht, der Stadt Paris zum Gedenken an die 130 Toten und 683 Verletzten der Terrorattacken vom 13. November 2015[205] ein dreißig Tonnen schweres und fast elf Meter hohes Stahl-Aluminium-Monument in Form eines bunten Tulpenstraußes zu „stiften" („Bouquet of Tulips"), das an prominenter Stelle, nämlich vor dem Musée d'Art Moderne und dem Palais de Tokyo aufgestellt werden soll. Es ist als „Geste der Freundschaft zwischen dem amerikanischen und französischen Volk" gedacht.[206] Spenden will Koons aber nur das *Konzept!* Die sich auf mehrere Millionen Euro belaufenden Kosten für die Herstellung und Errichtung des an überdimensionale Lutschbonbons erinnernden Monuments sollen aus einem von der Stadt eingerichteten Fonds bezahlt werden, der wiederum von einschlägigen Galeristen und Mäzenen finanziert wird. Dabei handelt es sich um prominente Koons-Sammler (auch hier wieder die Win-win-Situation durch wechselseitige Aufwertung). Einmal abgesehen davon, dass man sich fragen kann, was ein bunter Aluminium-Tulpenstrauß mit dem brutalen Mord an 137 Menschen zu tun hat, ist der Umstand mehr als fragwürdig, dass dieses „Geschenk" noch nicht einmal ein solches ist, sondern ganz offensichtlich dazu dient, Koons' Werk einen prestigeträchtigen Platz vor zwei bedeutenden Museen zu sichern – einen Platz übrigens, auf den der Amerikaner beharrt, obwohl er in keiner-lei Verbindung zu den Terroranschlägen steht. Diesmal scheint Koons den Bogen jedoch überspannt zu haben, denn es hat sich bereits eine breite Front aus Galeristen, Künstlern, Vertretern verschiedener Museen, Politikern und nicht zuletzt Mitgliedern von Opferverbänden (also von den Terroranschlägen unmittelbar Betroffener) ge-gen sein prätentiöses „Product Placement" ausgespro-chen. Die Tageszeitung *Libération* hat einen Protestbrief veröffentlicht, zu dessen prominenten Unterzeichnern auch der ehemalige Kulturminister Frédéric Mitterrand gehört, der im Rahmen der Auseinandersetzung um die Skulptur anmerkte, dass „Koons das Symbol einer indus-triellen, spektakulären und spekulativen Kunst geworden [sei und] sein Atelier und seine Händler multinationale Luxusunternehmen."[207] Durch seine Sprecherin ließ Jeff Koons der Öffentlichkeit ausrichten, dass ihn der Protest gegen sein Geschenk „sehr traurig" mache, womit er die ganze Diskussion wieder auf eine sentimentale Kitsch-Ebene gebracht hat, um die es gar nicht geht. Noch dazu stellte er sich dadurch selber als Opfer (einer Kampagne gegen ihn) dar, was in Anbetracht der *tatsächlichen* Opfer der Pariser Anschläge, die – sofern sie noch leben – gar nicht nach ihren Bedürfnissen hinsichtlich eines Mahnmals befragt worden sind, einmal mehr einer Umkehrung der Realität gleichkommt.

Wenn für die Einschätzung eines Kunstwerkes vor allem marktrelevante Faktoren und keine ästhetischen Qualitätskriterien ausschlaggebend sind, lassen sich gewisse Parallelen zwischen dem Kunstbetrieb und dem US-amerikanischen Wahlkampf nicht von der Hand weisen. Wer viel Geld und Einfluss besitzt, gibt die Spielregeln und eine neue Sprachregelung ("alternative facts") vor. So bekennt Koons sich freimütig dazu, dass es ihm zwar an fundiertem (kunsthistorischem) Wissen mangelt, deutet seine lückenhafte Bildung dann aber als einen Vorzug um, nämlich als unabdingbares Fundament für seine künstlerische Selbstgewissheit ("Although I didn't know who Seurat and Manet were when I went to College, I felt that I was able to survive that and still feel confident in my own history."[208]). So wird aus Mangelhaftigkeit, Selbstbewusstsein und aus Nicht-Wissen Wissen. „Fair is foul, and foul is fair" sangen die Hexen in Shakespeares „Macbeth". Anne Breucha spricht von „ironisch-destruktiver Qualität, mit der Koons die verkündete Zugänglichkeit der Kunstgeschichte performativ vorantreibt, in dem er mit Respektlosigkeit und Absurdität an ihrer Sinnentleerung und inhaltlichen Auflösung arbeitet."[209]

Aber damit nicht genug: Aus einer latenten Intellektuellenfeindlichkeit heraus, die sich vermutlich aus der
narzisstischen Kränkung speist, nicht der kulturell be-
wanderten Bildungselite anzugehören, behauptet Koons,
dass Kunst, als Ausdruck von Hochkultur, einen per se
diskriminierenden Charakter hätte („But I do believe
that art history is often used against the viewer – it's used
against the individual"[210]). Auf diesem Hintergrund werden sowohl sein Bekenntnis zu „Banality", als auch die
gezielte Verwendung trashiger Kitsch-Elemente und die
destruktive Zerlegung kunsthistorischer Ikonen (das Gesicht der „Mona Lisa" auf Handtaschen etc.) plausibel.
Es sind Zeugnisse einer hochambivalenten Haltung zu
Ästhetik und Schönheit, die man auch als perverse Hass-
Liebe bezeichnen könnte, in der ad absurdum geführt
wird, was begehrenswert ist.

Koons, dessen künstlerisches Programm die immer wie-
derkehrende Forderung nach der *Akzeptanz der eigenen
Geschichte* beinhaltet, erhebt die eigene Unzulänglichkeit
zum Maß aller Dinge, so wie auch Donald Trump seine
politische Unwissenheit zum Markenzeichen umgeprägt
hat, die er als Ausdruck seines „Genies" und seiner „Intuition" verkauft. Beiden Amerikanern ist gemeinsam,
dass ihr jeweiliges Verständnis von (Kunst-)Geschichte
frei ist von der Kontamination durch Gelehrsamkeit,
prozesshaftem Denken oder kritischem Geist. Hier wie
dort geht es um „Deals" in einer neokapitalistisch geprägten Welt, in der sich alles um vordergründige wirtschaftliche Erfolge und individuelle narzisstische Gratifikationen dreht. Nicht von ungefähr ist auch Donald
Trump, der unbestritten zu den größten Kitschiers auf der

politischen Bühne zählt, berüchtigt für seinen schlechten Geschmack. Kaum eine Reportage über ihn kommt ohne Querverweise auf das umfassend vergoldete und verspiegelte Louis Quinze-Dekor seiner Luxushotels und seiner Privatgemächer im New Yorker Trump-Tower aus. Und auch dem amerikanischen Präsidenten wird nachgesagt, dass ein wesentliches Movens für seine Bewerbung um die Präsidentschaft die Demütigung gewesen sein soll, die er immer wieder gerade von den Repräsentanten intellektueller Kreise anlässlich öffentlicher Auftritte erfahren musste – namentlich von seinem Vorgänger, dem beim linksliberalen Großbürgertum beliebten und eloquenten Barack Obama.

Wenn man sich mit dem Kitsch bei Koons beschäftigt, darf ein zentrales Element nicht fehlen, das konstituierend für jede Form von Kitsch ist und das oben bereits kurz gestreift worden ist, nämlich die Verweigerung (oder Unfähigkeit) zu Entwicklung und zu prozesshaftem Denken. Wie in einer Endlosschleife reproduziert Koons in seinen Interviews über Jahrzehnte hinweg die immer gleichen Begriffe und Satzbausteine, wie auch seine Arbeiten mehr oder weniger von ihrem Wiedererkennungswert leben. In der harmlosen Gesellschaft lustiger bunter Pudel, aufgeblasener Riesenhummer oder metallisch leuchtender Herzen und Frühlingsblumen wird Koons nicht müde, den eilfertigen Journalisten seine affirmativen Glaubenssätze in die Federn zu diktieren. Er spricht vom „Glauben an die Kunst", von seiner „moralischen Verantwortung"[211] als Künstler, von der „Notwendigkeit zu kommunizieren", seinem unbedingten Bekenntnis zum „Optimismus" und ähnlichen Themen, die in ihrer Bedeutung so gehaltvoll sind wie der Substanzanteil in der Alkohollösung homöopathischer Verdünnungen:

My work does have a moral background: it wants to enjoy life, it is about listening to life, it is about having as much opportunity in life as possible and about extending those parameters.[212]

Denkt man indes an Frühwerke, wie „Ilona's Asshole", das ein großformatiges, wandfüllendes Close-up von Koons Penis zeigt, mit dem er gerade in die auf ihm sitzende Ilona eindringt, während er mit den Händen ihre Pobacken umklammert und seine Finger auf ihren Anus zeigen, ist „göttliche, universelle Liebe" (Koons) nicht unbedingt das erste, was einem als Betrachter dazu einfällt. Es wird vielmehr nachvollziehbar, dass Koons mit seiner Bildserie „Made in Heaven", die aus weiteren expliziten Sexszenen besteht, vor allem eines generiert hat, *Publicity!* Denn: „Sex sells"![213] Und auch die immer gleichen bunten Pudel und anderen stahlgebürsteten vielfarbigen Objekte der späteren Werkphase haben vor allem eine Eigenschaft: Sie lassen sich gut verkaufen, weil sie in ihrer Beliebigkeit die Projektionsfläche für beinahe jede Zuschreibung darstellen. Koons macht seinerseits keinen Hehl daraus, dass persönliche und künstlerische Fortentwicklung für ihn keine erstrebenswerten Kategorien sind:

And I guess I feel that my own personality, which has always been the same – I think if you'd speak to anybody that's known me over the years, they would say I'm the

same person, making the same type of art in a same type
of situations as I always was.[214]

Das erinnert an den im vorangegangenen Kapitel zitierten Brief des Horrorschriftstellers und Kitschproduzenten H. P. Lovecraft, der sich ähnlich über seine innere Verfassung geäußert hat. Zur Erinnerung hier noch einmal seine Selbstbeschreibung:

Manche scheinen sich im Alter in andere Personen zu verwandeln [...] Ich bin von der Sorte, die sich nicht verändert. Es gibt keine Geschmacksrichtung und kein Interesse in meiner gesamten Psychologie, die es in der einen oder anderen Form nicht schon gab, als ich 5 Jahre alt war. Mein Stil in Prosa und Dichtung ist grundsätzlich der gleiche wie im Alter von 11 oder 12, [...] und meine zusammenhängende Erinnerung an diese so fernen Tage ist so scharf umrissen, dass ich mich in alle Gedanken und Gefühle aus jener Zeit versetzen kann.[215]

Beide Selbstauskünfte lassen vor allem einen Schluss zu: Sowohl Lovecraft als auch Koons sind Menschen, deren Entwicklung offenbar in einem frühen Stadium stagnierte. Und beide haben ein lukratives Geschäftsmodell daraus gemacht, dessen Erfolg und reibungsloses Funktionieren sich in ihrem Festhalten an bewährte Strukturen rückbestätigt. So wie sich der kleine Nigel die Welt nach seinen Vorstellungen modellieren wollte, wie er manipuliert und seine eigene Sprache entworfen hat, die er anderen aufzuzwingen versuchte, so haben Lovecraft und Koons sich eigene (Kunst-)Welten geschaffen, die ihren

Sinn nur aus sich selbst heraus generieren. Auf diese Weise entstehen geschlossene Kreisläufe des Immergleichen, in denen sich die Erzeugnisse ähneln wie ein Gartenzwerg dem anderen.

Was nun Koons angeht, so hat sich dieser durch seine „Kunst der Postproduktion" überhaupt von dem Anspruch befreit, sich in irgendeiner Form durch seine (Auftrags-)Werke, die man auch als austauschbare Versatzstücke aus der Werkstatt hochprofessioneller Dienstleister bezeichnen könnte, ästhetisch zu verwirklichen oder gar selber Hand anzulegen. Vielmehr besteht seine Leistung darin, identische Sprach-Pattern und Wortschleifen wie in einem Kaleidoskop immer neu miteinander zu kombinieren, um sie dann auf die reflektierenden Oberflächen seiner Hochglanzobjekte zu projizieren, die dabei nicht selten wie Leinwände der Selbstüberschätzung wirken. Diese Vorgangsweise treibt zum Teil skurrile Blüten: „Mit eiserner Konsequenz kombiniert Koons kunstgeschichtliche Bezüge aus dem gesamten Fundus der Geschichte und lässt dabei jegliche Logik und jedes wissenschaftliche gesicherte Wissen außer Acht. Es ergeben sich Zusammenhänge, die der Absurdität nicht entbehren und der Intellektualität einiger Koons-Kritiker ernsthaften Schaden zufügen, so dass sich so mancher erbost von diesem ‚Scharlatan' abwendet."[216] Zu seinem „Balloon Dog" äußert sich Koons in einem Interview mit dem Künstler und Kulturjournalisten Robert Ayers folgendermaßen:

A piece like Balloon Dog taps into the mythic. It's a little equestrian, a little bit like the Trojan Horse, even though

it's a dog. Even the act of making balloon-type animals
like that, it's supposedly quite an ancient act, from primi-
tive cultures, of working with intestinies.[217]

Aber auch was die körpergeografischen Zonen anbe-
trifft, geht es bei Koons mitunter drunter und drüber.
Zu seinem roten, mit einer Stahlkette am Schwanz aufgehängten Riesenlobster (2003) äußerte er sich auf eine
Weise, die Anne Breucha zu der Einschätzung veranlasst
hat, dass „Koons [...] Geschlechtsteile so oft hin und
her (transplantiert hat), dass seine Werke unansehnliche
Mutanten wären, wenn man sie sich aufgrund seiner Beschreibung vorstellen würde."[218]

You look at lobster: its arms are broad, it's masculine, it
has its antennae, they're like a moustache. Or you could
look at it and the antennae could be the lips of the vagina
and the arms, instead of beeing masculine, could be the
Fallopian tubes and the tail could be very feminine and
the body, instead of beeing phallic is the womb. The aim
is to be able to possess and present both sides.[219]

Koons bringt die Exegese seiner Werke mit so viel Em-
phase unter die Leute, dass tatsächlich ein Großteil der
Kritiker plötzlich keinen aufgeblasenen Spielzeughum-
mer mehr sieht, sondern einen, an einer Stahlkette hän-
genden, rotgemusterten *Eileiter*. Bei seinen Auftritten
muss Koons so wahrhaftig wirken wie ein charismati-
scher Wunderheiler, denn immer wieder gelingt es ihm,
durchaus kluge Vertreter der schreibenden Berufsgrup-
pen davon zu überzeugen, dass der nackte Kaiser Klei-

der anhat. Der italienische Kunstkritiker und Kurator Francesco Bonami ist so eingenommen von Koons Aufrichtigkeit, dass er sie sogar in die Sphäre des Wahnhaften verlegt, womit er unter Umständen (unfreiwillig) den Kern der Sache getroffen hat. „His attitude is soaked with sincerity to the point of turning into a delusional state of mind."[220]

KITSCH UND PERFEKTION Gedanken zum Abschluss

Die Arbeit an dem vorliegendem Buch brachte es mit sich, dass ich längere Zeit nicht in das Stadtviertel kam, in dem sich sowohl meine Praxis als auch das kleine Obst- und Gemüsegeschäft befindet, in dem ich früher regelmäßig einkaufte. Es war der Zufall, der mich wieder einmal in den kleinen Laden spülte. „Wo sind Sie denn nur so lange gewesen?", fragte mich die sympathische Inhaberin. Ich berichtete ihr von meiner Auszeit und besagtem Buch-Projekt. „Und worüber haben Sie genau geschrieben", fragte sie mich neugierig. „Kitsch und Perversion", antwortete ich ein wenig verlegen, zwischen Körben voller Süßkirschen und rotbackigen Wachauer Marillen herumschlendernd. In diesem erntefrischen Ambiente kam mir der Buchtitel beinahe unanständig vor. „Ohhhh, wie interessant!", rief die offenbar spontan schwerhörig gewordene Obsthändlerin begeistert aus: „Kitsch und PERFEKTION!!"

Ich musste noch länger über diesen witzigen „Verhörer" schmunzeln, der ja tatsächlich, wie das häufig bei Missverständnissen der Fall ist, eine unausgesprochene Wahrheit in sich birgt. Der Kitsch will uns eine *perfekte*, nämlich ambivalenzfreie Welt vorgaukeln, während das Hässliche und Perverse nach Möglichkeit ausgeklammert bleiben soll. Das Unerhörte und Ungehörige wurde in oben geschilderter Begegnung mit der Obsthändlerin akustisch ausgeblendet. Die Begebenheit zeigt aber auch, wie sehr die eigenen Konzepte von Wirklichkeit die Wahrnehmung dessen beeinflussen, was uns umgibt. In der Vergangenheit hatten wir zwei Frauen uns in dem kleinen Geschäft des Öfteren darüber unterhalten, wie schwer es doch sei, sich von schlechten Gewohnheiten zu trennen, zu denen auch die Nikotinsucht zählte, derer wir beide regelmäßig frönten. Schließlich war ich es, die das mühsame Rennen um den endgültigen Verzicht auf das gesundheitsschädigende Laster machte, während die Obsthändlerin zu ihrem eigenen Verdruss weiter rauchte und sich immer ein wenig dafür schämte. Aus ihrer Sicht verlieh mir dieser Umstand vermutlich (denn auch andere Bemerkungen wiesen darauf hin) die Aura des „Perfekten", die sich jedoch lediglich aus ihren Projektionen zusammensetzte und nichts über meine tatsächliche charakterliche Disposition aussagte, die natürlich ebenfalls Schwächen aufweist. Ich hatte es also mit einer milden Form des (Idealisierungs-)Kitsches zu tun, den ich aber durchaus liebenswert fand.

Was sich anhand dieser kurzen Geschichte zeigen lässt, ist der Umstand, dass nicht nur der Kitsch seine erwünschte Wirkung auf die Kitsch-Konsumenten entfaltet, sondern die Kitsch-Affinen ihre (nicht kitschige) Umwelt auf eine ihnen gemäße Weise rezipieren, ganz gleich wie diese realiter beschaffen ist. In bestimmten Fällen (wie bei Herrn Blum, mit seinem Hang zum Nazikitsch oder Herrn Fritsch, dem Betreiber des Hilfsprojekts, der nicht zwischen sich und den von ihm idealisierten Hilfsadressaten unterscheidet) kommt es dabei zu einer Verschmelzung von Subjekt und Objekt, sodass der Gerührte von seiner eigenen Rührung gerührt ist[221] – ein Vorgang, dem etwas extrem Ich-Bezogenes und Manipulatives anhaftet. Der Andere wird zum Erfüllungsgehilfen sentimentaler Autoerregung gemacht, die das Gegenteil von Mitgefühl und echter Anteilnahme darstellt. Die latent aggressive Komponente dieses Vorgangs ist unübersehbar. Auswüchse einer solchen Disposition sind im übrigen häufig im Zusammenhang mit spektakulären Todesfällen oder tragischen Unglücken zu beobachten. Die Schriftstellerin Thea Dorn hat Zaungäste, die in lustvollem Schaudern passiv an fremden Katastrophen partizipieren, in einem ihrer Romane einmal treffend als „Kondolenzparasiten" bezeichnet.

Auch bestimmte Vertreter der sogenannten „Willkommenskultur", die 2015 spontan auf österreichischen und deutschen Bahnhöfen syrischen Kriegsflüchtlingen frenetisch zugejubelt hatten, dürften sich eher selber darin gefallen haben, großzügig und hilfsbereit zu erscheinen, denn wie wäre es sonst zu erklären, dass die Stimmung sehr schnell in Enttäuschung über die Neuankömmlinge, in Ablehnung und in einen politischen Rechtsruck umgeschlagen ist, als es darum ging, zusammen mit den fremden, traumatisierten Menschen die Mühen der Ebene zu bewältigen oder Plätze in Kindergärten und Schulen zu teilen. Nur wenige Vertreter der einstigen Willkommens-Bewegung haben sich ernsthaft mit den Flüchtlingen auseinandergesetzt und versucht, kulturelle Unterschiede nicht einzuebnen oder zu romantisieren, sondern sich um Verständnis und fallweise auch um die vorbehaltlose Akzeptanz des Nicht-Verständlichen zu bemühen. Eine schwierige Aufgabe, die Toleranz, Selbstlosigkeit und die Abwesenheit von Eitelkeit erfordert. Die Ergebnisse solcher herausfordernden Bemühungen sind dafür zumeist von Verbindlichkeit und Stabilität geprägt, von der beide Seiten profitieren.

Die *perverse* Spielart des Kitsches, um die es in diesem Buch vornehmlich gegangen ist, reicht jedoch über die dem Kitsch inhärente Entmischung der Gefühle im Sinne von Spaltung und Projektion hinaus. Ihr immanentes Ziel ist die Umkehrung der Werte („fair is foul, and foul is fair"), wie wir sie exemplarisch bei Nigel, dem Wirrwarrstifter gesehen haben. Spielarten seiner destruktiven Taktik, die dem Kanon von auf Liebe, Solidarität und gegenseitiger Achtung basierenden zwischenmenschlichen Beziehungen diametral zuwiderläuft, spiegeln sich in den Werken von Lovecraft, Houellebecq und Jeff Koons, die hier stellvertretend für eine bestimmte literarische und künstlerische Gattung analysiert worden sind. Dass Literatur und Kunst gesellschaftliche und politische Entwicklungen affirmativ abbilden oder kritisch konterkarieren, ist zwar ein Allgemeinplatz, bekommt jedoch unter dem Gesichtspunkt von „Kitsch und Perversion" noch einmal eine spezifische Bedeutung. Wenn mitten in New York, unweit des Trump Towers, Jeff Koons „Sitzende Ballerina" aufgestellt und als Symbol kindlicher Emanzipation (Kinder sollen ihr „eigenes Potenzial" entdecken) plakatiert wird, dann ist dies, wie bereits ausführlich dargelegt, eine Verdrehung der Wahrheit, denn die Produktions- und Ausstellungspolitik von Koons folgt nicht humanistischen, sondern vor allem finanzkapitalistischen Regeln. Die von ihm kreierten Finanzinstrumente, also seine in ermüdender Redundanz sich erschöpfenden, dafür aber mit hohem Wiedererkennungswert gesättigten Kunstobjekte, gewinnen vornehmlich durch „Insiderhandel" der Superreichen ständig an Marktwert in Millionenhöhe. Der den Ausstellungsstücken angeklebte tiefere Sinn ist vordergründiger Sozialkitsch, mit dem Betroffenheit behauptet wird, wo es in Wahrheit um wirtschaftliche Interessen geht (man denke an Koons höchst umstrittenes Ansinnen, in Paris auf Kosten der Stadt und vor allem an einem für ihn prestigeträchtigen Ort eine grellbunte Tulpenskulptur zum Gedenken an die Terroropfer vom 13. November 2015 aufstellen zu lassen). Der im Kontext des „Gedenktages für die vermissten Kinder" latent pädophile Gehalt der Ballerina-Skulptur lotet zudem mit kaum verhohlenem Zynismus die Fallhöhe perverser Inszenierungen aus. Man darf sich die Frage stellen, wie es um die Ethik und die Moral einer Gesellschaft bestellt ist, in der Opfer von (sexueller) Gewalt unter dem Deckmantel eines Kunstspektakels ein zweites Mal missbraucht werden.

Es ist sicher kein Zufall, dass diese extreme Form der Kommerzialisierung von Kunst, die das klassische Klientel der sachverständigen Sammler, Kunstliebhaber und Kuratoren weit hinter sich lässt und ganz bewusst Spekulanten bedient, die ihren in der „New Economy" erworbenen Reichtum divers und gewinnbringend anlegen wollen, mit einer Weltpolitik einhergeht, in der ein amerikanischer Präsident sich als „Dealmaker" in Szene setzt und ganz ungeniert auf der Klaviatur der Lüge, der Kriegstreiberei und der Manipulation spielt, wobei er bestimmte populistische Bedürfnisse seiner Anhänger bedient, die sich nach Stärke, nach Reduktion von Komplexität und nach der Abwesenheit jeglicher Ambiguität sehnen. Das Muster ist so simpel wie wirksam: Wenn man Menschen einredet, dass sie schlecht behandelt werden, ihnen Angst macht, Neid und Missgunst sät, ihnen Hass und Selbstgerechtigkeit einpflanzt, diese Manipulationen dann flächendeckend mit Propaganda unterfüttert und mittels „sozialer Medien" in jeden Haushalt implementiert, dann entsteht das Bedürfnis nach einem rettenden Führer. Folgerichtig inszeniert sich Trump als totalitärer Weltherrscher in spe („America first"), aber auch als absolutistischer Sonnenkönig, der sich in seinen vergoldeten Palästen mit einem absurden Sammelsurium an Kunstschätzen aus verschiedenen Epochen der europäischen Stilgeschichte umgibt. In seinen Räumlichkeiten werden wahre Kitsch-Orgien abgefeiert, die man vielleicht als Schrullen eines alternden, milliardenschweren Dandys verbuchen könnte, würde der Kitsch nicht auch als politisches Mittel ins Feld geführt – einer Politik, bei deren Misslingen Millionen von Menschen durch einem Atomkrieg ihr Leben verlieren könnten. Bei dem 2018 in Singapur abgehaltenen Gipfelgespräch zwischen Nordkoreas Machthaber Kim Yong-un und US-Präsident Donald Trump präsentierte der Amerikaner seinem Gesprächspartner aus Korea einen vier Minuten langen Videoclip, der vom Weißen Haus produziert worden war. In von hohlem Pathos umwehter Hollywood-Manier sollten Kim Yong-un die Vorzüge der freien kapitalistischen Welt schmackhaft gemacht werden. Nicht politische Verhandlungen auf dem Hintergrund demokratischer Prämissen wurden als probates Mittel zur Überwindung von Armut, Elend und Krieg ins Feld geführt, sondern die bildgewaltige Inszenierung archaischen Heldentums, das sich der hinreichend bekannten Sprache polarisierender Schwarz-Weiß-Klischees bedient.

Der Kitsch im Sinne fassadenhafter Beziehungsentwürfe ist ein schleichendes Gift, das in unterschiedlichem Ausmaß schädliche Auswirkungen auf uns hat; sowohl privat, als auch im Sinne der Gestaltung sozialer und politischer Wirklichkeit. Er verengt unsere Wahrnehmung, indem er sie nur selektiv bedient. Der Kitsch verleugnet die Realität, beschneidet damit unsere Erfahrungsmöglichkeiten und lässt unseren Horizont auf die Größe einer Kinoleinwand schrumpfen. Seine Kehrseite ist die Enttäuschung, seine Sprache die Lüge, und in den Falten seiner opulenten Gewänder nisten nicht selten Hass und Ressentiment. In seiner abgründigsten Ausformung ist der Kitsch das Kippbild der Perversion. Die Entmischung der Gefühle ist dafür konstituierend, verbunden mit Strategien der Täuschung, der Kontrolle und der Manipulation, die an die Stelle anteilnehmender Beziehungen treten. Wenn andere Menschen nur objekthaft benutzt werden, ist kein fruchtbarer, dialogischer Austausch möglich, weshalb Kitsch und Perversion immer mit Entwicklungsstillstand verbunden sind.

Anhang

Anmerkungen

[1] Dazu auch: Schmidbauer 1977

[2] Der Psychoanalytiker Wilfred Bion (1897–1979) hat sich in seiner „Theorie des Denkens" ausführlich mit Rolle und Funktion der „Unsicherheit" beschäftigt.

[3] Z. B. zum Zweck der affirmativen Bestätigung, dass man selber im Recht sei und nur das Umfeld „gestört", oder als vordergründiges Alibi dafür, dass man ja „eh etwas für die Beziehung/gegen die Sucht etc. tut", dieses Engagement dann aber auf das folgenlose Absitzen von Therapiestunden beschränkt, usw.

[4] Ich spreche hier von der postkleinianischen Psychoanalyse (Bion, Meltzer et.al.), deren Vertreterin ich bin.

[5] Vgl. Waddell/Williams 2005

[6] Vgl. Morgenthaler 1987, 25ff

[7] Heer 2008, 23

[8] Fest 2002

[9] Heer 2008

[10] Heer 2008, 118

[11] Junge 2003

[12] Heer 2008, 16

[13] Heer 2008, 115

[14] Zit. nach Heer 2008, 115f

[15] Wildt 2005, 6

[16] Vgl. Eichinger 2003

[17] Vgl. Jasper, Dirk: Filmlexikon. www.djfl.de – Interview mit Oliver Hirschbiegel

[18] Zit. nach Wildt 2005, 5

[19] „Daher kommen wir." Interview von Anke Westphal mit Oliver Hirschbiegel, in: Berliner Zeitung, 11.09.2004, 31/33. Zit nach Wildt 2005, 10f

[20] Was im übrigen auch nicht stimmt, denkt man an Filme wie „Der letzte Akt" von G. W. Pabst u.a.

[21] Fuhr, Eckhard: Auf Augenhöhe. In: Die Welt, 25.08.2004, 3

[22] Im Jahr 2004, in dem „Der Untergang" in die Kinos kam, verübte in einer vornehmlich von Ausländern bewohnten Straße in Köln die NSU das „Nagelbombenattentat", bei dem 22 Menschen zum Teil schwer verletzt wurden und Geschäfte ausbrannten.

[23] Vgl.: Rechtsextremist als Komparse – „Als Hitler mir die Hand schüttelte". In: Frankfurter Allgemeine Zeitung, 1.10.2004

[24] Friedländer 1999

[25] Friedländer 1999, 22f

[26] Vgl. Friedländer 1999, 49

[27] Vgl. Weyand 2005, 64

[28] Man denke z. B. an den Film „Operation Walküre – Das Stauffen-berg-Attentat" (2008) von Bryan Singer (dem Regisseur von „Super-man returns"). Der Wehrmachtsoffizier und Hitler-Attentäter Claus Schenk Graf von Stauffenberg wird in diesem Film ausgerechnet von Tom Cruise verkörpert, der als Aushängeschild der Scientology Sekte gilt. Die Scientologen vertreten eine totalitäre demokratiefeindliche Ideologie der extremistischen Positionen und kasernieren zweifelnde Mitglieder in Gulag-artigen Lagern.

[29] Als Beispiel sei der 1974 erschienene Sexploitationfilm „Ilsa – She-wolf of the SS" unter der „Regie" von Don Edmonds genannt.

[30] Name von der Verfasserin geändert

[31] Vorname von der Verfasserin geändert

[32] Schmidbauer 1977

[33] Vgl. Schmidbauer 1977, 90ff

[34] Schmidbauer 1977, 90f

[35] Willi 1975, 96 zit. nach Schmidbauer 1977, 116

[36] In Gesprächen mit anderen ehrenamtlichen Mitarbeitern der Hilfs-organisation erfuhr ich, dass man sich im Team bereits Sorgen um den Gesundheitszustand von Herrn Fritsch machen würde, der per-manent die Grenzen seiner physischen Belastbarkeit überschreiten würde. Auch entsprechende Facebook-Einträge tragen dieser Sorge Rechnung.

[37] Moorjani 2012

[38] Dazu: Doering-Manteuffel 2008, 193ff

[39] Dazu: Barth 2006, 35ff

[40] s. a. Zander 2007

[41] Vgl.: http://www.welt.de/print/die_welt/wirtschaft/article 131891 58/Mit-Esoterik-laesst-sich-reales-Geld-machen.html

[42] Dazu: Fischler 2013

[43] http://www.institut-sitya.at/fernstudium/Medialer-Engelberater. 13 c9b.php?gclid=CPXd-ZSytM0CFQUq0wodN_kPsw

[44] Dazu exemplarisch: Spöttel 2006

[45] Die Autorin Charlotte Link berichtet in ihrem autobiografischen Erfahrungsbericht „Sechs Jahre – Der Abschied von meiner Schwes-ter" über die Krebserkrankung und den Tod ihrer Schwester Franzis-ka. Nach der Diagnose „unheilbar" suchte auch sie einen „alternati-ven" Krebsarzt auf, dessen Charakterisierung (autoritär, narzisstisch, geldgierig) für die Vertreter der von mir oben zitierten Gattung exem-plarisch ist (vgl. Link 2014, 116ff).

[46] Vgl. Doering-Manteuffel 2008, 28

[47] Doering-Manteuffel 2008, 33

[48] Doering-Manteuffel 2011, 73

[49] Vgl.: http://www.barbara-bessen.com. Bessen ist eine Schlüsselfigur der esoterischen Szene. Sie behauptet, via „Channeling" Nachrichten von „Saint Germain und Erzengel Gabriel zu empfangen". Diese Botschaften vertreibt sie u.a. in Buchform.

[50] Vgl. Fischler 2013, 18ff

[51] Barth 2006, 198

[52] Ihr Unternehmen „Bessen & Rinow GbR bietet folgende Produktpalette an: Kongresse, Channelings, Meisterschaftsseminare, Vorträge, Kryon-Lichtkarten, Heilungs-CDs, Bücher, spirituelle Reisen und Hausklärungen. Vgl. auch: Fischler 2013, 148

[53] s. dazu Fischler 2013, 42f

[54] „In der Psychopathologie ist die Ich-Syntonie ein Symptom verschiedener psychischer Störungen. Erleben und Verhalten, das einem Störungsbild zugeschrieben werden kann, wird aus der Eigenperspektive nicht als störend oder krankhaft wahrgenommen. Das eigene Handeln, Denken und Fühlen empfindet der Betroffene als zu sich selbst gehörend." (vgl.: https://de.wikipedia.org/wiki/Ich-Syntonie)

[55] Vgl. dazu: Spöttel 2006

[56] Sauerbruch, Tilman: Und der Haifisch, der hat Jahre. In: Frankfurter Allgemeine Zeitung, 23.08.2016, Nr. 196, 13

[57] https://www.zentrum-der-gesundheit.de/natuerliche-geburt-ia.html

[58] ebenda

[59] Vgl.: http://www.neue-medizin.de/index.html oder auch: https://www.germanische-heilkunde.at/

[60] Vgl.: http://amici-di-dirk.com/?page_id=5108&lang=de – Hamer wirbt auf seiner Website u.a. für den Erwerb einer CD, auf der ein von ihm in jungen Jahren für seine Frau „komponiertes" und selbst gesungenes schlichtes Lied mit dem Titel „Mein Studentenmädchen" (im BDM-Stil der 30-Jahre) zu hören ist, dem er heilende Eigenschaften zuschreibt. Wer schwer krank sei, so Hamer, solle das Lied am besten 24 Stunden am Tag hören, damit es die ganze Wucht seiner Heilwirkung entfalten könne.

[61] Vgl. Spöttel 2006, 23

[62] Friedrichsen, G.: Ein gefährlicher Erlöser, SPIEGEL 07.08.1995. In: Spöttel 2006, 26f

[63] Vgl. Spöttel 2006, 26

[64] Prominente Vertreter dieser Richtung sind u.a. die vielgelesenen Autoren Rüdiger Dahlke und Thorwald Dethlefsen.

[65] In der Psychoanalyse gibt es für diese Vorgänge den Begriff des „Containing" (s. Wilfred Bion und Melanie Klein).

[66] Vgl. Spöttel 2006, 84
[67] Spöttel 2006, 85
[68] Vgl. Glunk 2003
[69] Vgl. Weber 2010, 212
[70] http://www.kulturkritik.net/quellen/hellingerselbstm.html – An dieser Stelle wird ein Suizid, der 1997 in Leipzig im Anschluss an ein Hellinger-Seminar stattgefunden hat, eindrücklich dokumentiert.
[71] Vgl. Schallenberg 2004
[72] Vgl. Glunk 2003, 251
[73] Vgl. Glunk 2003, 241
[74] Vgl. Glunk 2003, 247
[75] Vgl. Glunk 2003, 247
[76] Vowinckel 2003, 181
[77] Vowinckel 2003, 182
[78] Houellebecq 1991, 21
[79] Drews 1997, 221
[80] Vgl.: https://de.wikipedia.org/wiki/H._P._Lovecraft
[81] Zit nach: Houellebecq 1991, 27
[82] Lovecraft, Howard Philipps: Selected Letters I, S.139, zit. nach Joshi 1997, 20f
[83] Selected Letters of H.P. Lovecraft, Volume III, p.425, zit. nach Priskil 1996, 110f
[84] Joshi 1997, 22
[85] Vgl. Menegaldo 1997, 231–244
[86] Menegaldo 1997, 236
[87] Lovecraft, Howard Philipps: Stadt ohne Namen. In: Rottensteiner 1987, 33
[88] Menegaldo 1997, 242f
[89] Wilson 1997, 175
[90] Selected Letters I, S. 38, in Priskil 1996, 103
[91] Selected Letters IV, S. 233, in Priskil 1996, 133
[92] Lovecraft H.P.: Der Flüsterer im Dunkeln, zit. nach Houellebecq 1991, 23f
[93] Houellebecq 1991, 23f
[94] Houellebecq 1991, 81f
[95] Houellebecq 1991, 112
[96] Houellebecq 1991, 70
[97] Houellebecq 1991, 50
[98] 1 Korinther 15, Vers 35–49
[99] Lovecraft, H.P.L.: Cthulhus Ruf. In: Rottensteiner 1987, 305
[100] Houellebecq 1991, 126
[101] Waddell/Williams 2005

[102] Vgl. Bion 1992

[103] King 1991, 12

[104] Waddell/Williams 2005, 75 – Alle folgenden Zitate sind diesem Buchbeitrag entnommen.

[105] Waddell/Williams 2005, 77

[106] Vgl.: https://www.spuk-jenseitskontakte.de/index.php?page=Thread&threadID=385

[107] Vgl. Houellebecq 1991, 118f

[108] Zit. nach Houellebecq 1991, 99

[109] Waddell/Williams 2005, 77

[110] Waddell/Williams 2005, 78f

[111] Indiskrete Boulevardjournalisten, die unter Anwendung höchst zweifelhafter Methoden im Privatleben von Prominenten herumschnüffeln, bezichtigt man dementsprechend häufig des *„Afterjournalismus"*.

[112] Waddell/Williams 2005, 79

[113] Zit nach Houellebecq 1991, 92

[114] Joseph 1991, 396

[115] Zum Kitsch: Wenn sich z. B. zwei Proponenten der rechtsextremen „Identitären Bewegung" in Buchform über Heidegger austauschen, klingt das – ganz ernst gemeint – so: „Wir wollen die Herzen in Brand setzen […]. Die geistige Unruhe, der schlafende Furor teutonicus, das ewig unzivilisierbare, urdeutsche Fieber, das uns aus germanischen Urwäldern wie aus gotischen Kathedralen entgegenstrahlt, versammelt sich in uns" aus: Sellner, Martin/Spatz, Walter: Gelassen in den Widerstand. Ein Gespräch über Heidegger, Antaios-Verlag, Schnellroda 2005, zit nach: Markwardt, Nils: Politische Mythologie. Im Geisterreich des Völkischen, ZEIT 2017-04

[116] Houellebecq 1991, 126

[117] Houellebecq 1991, 33

[118] Houellebecq 1991, 125

[119] Houellebecq und seine Mutter machen dazu unterschiedliche Angaben.

[120] Laut eigener Aussage hat Houellebecq sich mit nur drei Jahren selber das Lesen beigebracht. Ein Detail seiner Kindheit, das ihn mit Lovecraft verbindet, der dies ebenfalls von sich berichtet hatte.

[121] http://www.zeit.de/kultur/film/2014-02/michel-houellebecq-berlinale-film

[122] Schaub 2001, 34

[123] Vgl.: Jessen, Jens: Der große Jammer. Ein Meister und sein Epigone: Joris-Karl Huysmans und Michel Houellebecq. Aus Anlass des Romans „Platform". In: DIE ZEIT, 07/2002

[124] Steinfeld 2001, 14

[125] Radisch, Iris: Der geklonte Roman. In: DIE ZEIT 01.09.2005

[126] Zweifel 2001, 78

[127] Houellebecq 2012, 190f

[128] Siehe das Gespräch zwischen Ingeborg Harm und Michel Houellebecq. In: Houellebecq 1997b, 50

[129] Houellebecq hatte – angetrunken – in einem Zeitungsinterview gesagt „Die dümmste Religion ist doch der Islam" und „Der Islam ist doch eine gefährliche Religion". Vier muslimische Organisationen hatten ihn angezeigt. Er wurde letztlich vom Vorwurf der rassistischen Verleumdung im Sinne der Meinungsfreiheit freigesprochen.

[130] Krause, Tilman: 2022 darf Frankreich endlich sein Gehirn abgeben. In: „Die Welt" vom 19.03.2015

[131] Altwegg, Jürg: Houellebecqs neuer Roman. Ist das alles iranisch gemeint? In: „Frankfurter Allgemeine Zeitung", 19.03.2015

[132] Houellebecq 1997b, 23

[133] Houellebecq 1997b, 27

[134] Houellebecq 1997a, 76ff

[135] Houellebecq 1997a, 106f

[136] Radisch, Iris: Michel Houellebecq. „Ich bin dabei zu krepieren." Frankreich feiert Michel Houellebecq anlässlich seines neuen Gedichtbandes als den großen französischen Autor unserer Epoche. In: DIE ZEIT Nr. 17/2013

[137] Houellebecq 1994, 124

[138] Schaub 2001, 50f

[139] Ebenda

[140] Der bekannteste Roman von Huysmans ist das 1884 erstmals erschienene Buch „Gegen den Strich". Es handelt von einem die Brutalität und die Rohheit der Massenkultur ablehnenden Dandy und Ästhetizisten, der sich zur Gänze von der Außenwelt abkapselt, um sich in der abgelegenen Behausung seiner selbst eingerichteten Mönchsklause wortreichen Schwadronaden über Kunst und Künstlichkeit hinzugeben, wobei er nicht mit herablassenden und giftigen Seitenhieben auf die von ihm zutiefst verachtete Gesellschaft spart.

[141] Schaub 2001, 36

[142] „Überall Bilder von perfektem Sex." Die Autoren Bret Easton Ellis und Michel Houellebecq über Moral, Gewalt und Schönheitsterror. Ein Gespräch mit Marianne Wellershoff und Rainer Traub. In: DER SPIEGEL, 25.10.1999

[143] Houellebecq/Lévy 2008, 224

[144] Houellebecq 2012, 113f

[145] Houellebecq 1998, 9ff

[146] Houellebecq 1998, 11

[147] Houellebecq 2019, 293

[148] Houellebecq 2019, 209

[149] Ich verdanke diesen Hinweis Karl Mätzler.

[150] Meltzer 2005, 179

[151] Wiele, Jan: Ganz Paris träumt von der Liebe und einer fällt, in: F.A.Z , 05.01.2019, Nr. 4

[152] http://www.spiegel.de/kultur/gesellschaft/jeff-koons-sitzende-ballerina-in-new-york-enthuellt-a-1147513.html

[153] „Without a Trace" von Stanley R. Jaffe, 1983, Twentieth Century Fox Film Corporation

[154] https://www.usatoday.com/story/news/nation-now/2014/09/23/missing-persons-children-numbers/1611070

[155] Vgl.: http://derstandard.at/2000057517845/Riesige-aufblasbare-Ballerina-von-Jeff-Koons-in-New-York-enthuellt

[156] Vgl.: https://www.welt.de/vermischtes/article159790624/Zu-mir-hat-er-mit-18-Hallo-Oma-gesagt.html

[157] Vgl.: Koons 2008, 17 (Übersetzung aller Interviewzitate aus dem Französischen von Ruth Mätzler)

[158] Unter „Pietà" versteht man in der Kunstgeschichte die Darstellung von Maria als „Mater dolorosa", als Schmerzensmutter, die den Leichnam ihres vom Kreuz abgenommenen Sohnes Jesus auf ihren Schoß bettet. Berühmtes Beispiel: Die römische Pietà von Michelangelo im Petersdom.

[159] Koons 2008, 17

[160] Koons 2008, 17

[161] Koons 2008, 17f

[162] Koons 2008, 18

[163] Zaunschirm 1996, 47f

[164] Zaunschirm 1996, 49

[165] Vgl. Zaunschirm 1996

[166] Zaunschirm 1996, 30

[167] Zaunschirm 1996, 25

[168] Zaunschirm 1996, 30 (Koons im Interview)

[169] Vgl.: https://en.wikipedia.org/wiki/International_Centre_for_Missing_%26_Exploited_Children

[170] In: „Der Standard", 23. November 1994, Auszug aus einem Video-Interview mit Jerome Sans, S. 12 – zit. nach Zaunschirm 1996, 22

[171] Vgl.: http://derstandard.at/3352601/Jeff-Koons-zahlt-Alimente-nicht-Cicciolina-zu-sechs-Monaten-Haft-verurteilt

[172] Jeff Koons im Gespräch mit Sven Michaelsen, in: Austrian Limited – das Magazin zum Webshop, „Ikonen" 09/2017, Hrsg.: Syrch, Peter, S. 36

[173] Ebenda S. 36

[174] Grasskamp 1995, 165

[175] Grasskamp 1995, 167

[176] Grasskamp 1995, 163f

[177] Grasskamp 1995, 166

[178] http://www.spiegel.de/kultur/gesellschaft/jeff-koons-sitzende-ballerina-in-new-york-enthuellt-a-1147513.html

[179] Breucha 2014, 97

[180] Breucha 2014

[181] Breucha 2014, 235

[182] Zit. nach Breucha 2014, 31

[183] Breucha 2014, 70

[184] Breucha 2014, 72

[185] Zit. nach Breucha 2014, 79

[186] Breucha 2014, 79f

[187] Zit. nach Breucha 2014, 72

[188] Zit. nach Zaunschirm 1996, 11

[189] Breucha 2014, 31

[190] http://magazine.losangelesscene.com/jeff-koons-quotes-of-the-day/

[191] Koons „Popeye" erinnerte mich an das legendäre Foto von Annie Leibowitz in der Zeitschrift Vanity Fair aus dem Jahr 2014. Es zeigt den splitternackten Koons in seinem privaten, komplett verspiegelten „Gym", wie er sich selbstverliebt beim Hantel-Stemmen zuschaut – allerdings ohne Spinat. https://www.vanityfair.com/culture/2014/07/jeff-koons-whitney-retropective

[192] http://orf.at/stories/2130365/2130362/

[193] https://www.welt.de/kultur/kunst-und-architektur/article135120161/Der-Kuenstler-der-nie-aus-seinem-Kinderzimmer-kam.html

[194] Breucha 2014, 42

[195] Zit. nach Breucha 2014, 42

[196] Breucha 2014, 88

[197] Breucha 2014, 187

[198] Breucha 2014, 89

[199] Grasskamp 1995, 163ff

[200] Vgl. Breucha 2014, 48

[201] Breucha 2014, 48

[202] Ullrich 2016

[203] Ullrich 2016, 46

[204] Breucha 2014, 45

205 Mitglieder der Terrorgruppe „Islamischer Staat" hatten in Paris an fünf verschiedenen Orten willkürlich das Feuer auf Passanten, Supermarktkunden und Besucher eines Rockkonzertes eröffnet. Allein im „Bataclan-Theater" starben bei einem blutigen Massaker mindestens 89 Menschen. In der Nähe des „Stade de France" wurde eine Bombe gezündet, durch die Passanten getötet wurden. Es war einer der schwersten Terrorakte, die je in Europa stattgefunden haben.
206 https://www.welt.de/kultur/article173358625/Paris-Streit-um-Rie senskulptur-von-Jeff-Koons.html
207 Ebenda
208 Zit. nach Breucha 2014, 135
209 Breucha 2014, 136
210 Breucha 2014, 135
211 Breucha 2014, 46ff
212 Breucha 2014
213 Dazu auch: Breucha 2014, 139ff
214 Zit. nach Breucha 2014, 51
215 Selected Letters IV, S. 233. In: Priskil 1996, 133
216 Breucha 2014, 136
217 Zit. nach Breucha 2014, 165
218 Breucha 2014, 161
219 Zit. nach Breucha 2014, 161
220 Zit. nach Breucha 2014, 100
221 Dazu auch Giesz 2007, 238ff

Literatur

BARTH, Claudia: Über alles in der Welt – Esoterik und Leitkultur. Eine Einführung in die Kritik irrationaler Welterklärungen. Aschaffenburg 2006.

BION, Wilfred R. (1962): Lernen durch Erfahrung, Frankfurt/M. 1992.

BISCHOF, Willi (Hg.): Filmri:SS, Studien über den Film ‚Der Untergang'. Münster 2005.

BRAUNGART, Wolfgang: Kitsch. Faszination und Herausforderung des Banalen und Trivialen. Tübingen 2002.

BREUCHA, Anne: Die Kunst der Postproduktion. Jeff Koons in seinen Interviews. Paderborn 2014.

DETTMAR, Ute und Küpper, Thomas (Hg.): Kitsch. Texte und Theorien. Stuttgart 2007.

Doering-Manteuffel, Sabine: Das Okkulte. Eine Erfolgsgeschichte im Schatten der Aufklärung. München 2008.

Doering-Manteuffel, Sabine: Okkultismus. Geheimlehren, Geisterglaube, magische Praktiken. München 2011.

Drews, Jörg: Vier Rezensionen. In: Rottensteiner 1997, 221-230.

Ehrenreich, Barbara: Smile or die. Wie die Ideologie des positiven Denkens die Welt verdummt. München 2010.

Eichinger, Bernd: „Ich halte mich an die Geschichte." (Interview) In: Spiegel, 19.04.2003.

Fest, Joachim C.: Der Untergang. Hitler und das Ende des Dritten Reiches. Eine historische Skizze. Berlin 2002.

Fischler, Johannes: New Cage. Esoterik 2.0. Wie sie die Köpfe leert und die Kassen füllt. Wien/Graz/Klagenfurt 2013.

Friedländer, Saul: Kitsch und Tod. Frankfurt/M. 1999.

Fuhr, Eckhard: Auf Augenhöhe. In: Die Welt, 25.08.2004.

Gelfert, Hans-Dieter: Was ist Kitsch? Göttingen 2000.

Giesz, Ludwig: Phänomenologie des Kitsches. In: Dettmar/Küpper 2007, 237–240.

Glunk, Fritz R.: Der Protofaschist. Das Weltbild des Bert Hellinger. In: Goldner 2003, 238–252.

Goldner, Colin: Der Wille zum Schicksal. Die Heilslehre des Bert Hellinger. Wien 2003.

Goodrick-Clarke, Nicholas: Die okkulten Wurzeln des Nationalsozialismus. Ulm 2014.

Grasskamp, Walter: Der lange Marsch durch die Illusionen. Über Kunst und Politik. München 1995.

Heer, Hannes: „Hitler war's." Die Befreiung der Deutschen von ihrer Vergangenheit. Berlin 2008.

Houellebecq, Michel (1991): Gegen die Welt, gegen das Leben. Reinbek bei Hamburg 2007.

Houellebecq, Michel (1994): Ausweitung der Kampfzone. Berlin 2015.

Houellebecq, Michel (1996): Der Sinn des Kampfes. Gedichte. Köln 2001.

Houellebecq, Michel (1997a): Suche nach Glück. Gedichte. Reinbek bei Hamburg 2003.

Houellebecq, Michel (1997b): Lebendig bleiben. Leitfaden. Köln 2006.

Houellebecq, Michel (1998): Die Welt als Supermarkt. Köln 1999.

Houellebecq, Michel (1999): Wiedergeburt. Gedichte. Reinbek bei Hamburg 2005.

Houellebecq, Michel (2001): Plattform. Köln 2002.

Houellebecq, Michel (2005): Die Möglichkeiten einer Insel. Köln 2005.

HOUELLEBECQ, Michel (2009): Ich habe einen Traum. Neue Interventionen. Köln 2010.

HOUELLEBECQ, Michel (2010): Karte und Gebiet. Köln 2012.

HOUELLEBECQ, Michel (2012): Elementarteilchen. Köln 2015.

HOUELLEBECQ, Michel (2013): Gestalt des letzten Ufers. Gedichte. Köln 2014.

HOUELLEBECQ, Michel (2015): Unterwerfung. Köln 2015.

HOUELLEBECQ, Michel (2019): Serotonin. Köln 2019.

HOUELLEBECQ, Michel und Lévy, Bernard-Henri (2008): Volksfeinde. Köln 2009.

KOONS, Jeff: Versailles. Katalog der gleichnamigen Ausstellung vom 10.9.2008–4.1.2009 im Schloss Versailles in Frankreich. Paris 2008.

JOSEPH, Betty (1982): Die Sucht nach Todesnähe. In: Bott Spillius, E. (Hg.): Melanie Klein Heute. Band 1, München/Wien 1990, 391–407.

JOSHI, Sunand Tryambak: H.P. Lovecraft: Leben und Denken. In: Rottensteiner 1997, 12–34.

JUNGE, Traudl: Bis zur letzten Stunde. Hitlers Sekretärin erzählt ihr Leben. Berlin 2003.

KING, Stephen: Vorwort. In: Houellebecq 1991, 7–19.

LINK, Charlotte: Sechs Jahre – Der Abschied von meiner Schwester. München 2014.

MÄTZLER, Karl und Mätzler, Ruth (Hg.): Sexualität in der kleinianischen Psychoanalyse. Tübingen 2005.

MELTZER, Donald (1972): Sexualität und psychische Struktur. Tübingen 2007.

MELTZER, Donald (1992): Das Claustrum. Eine Untersuchung klaustrophobischer Erscheinungen. Tübingen 2005.

MELTZER, Donald und Williams, Meg Harris (1988): Die Wahrnehmung von Schönheit. Der ästhetische Konflikt in Entwicklung und Kunst. Tübingen 2006.

MELTZER, Donald (1992): Das Claustrum. Eine Untersuchung klaustrophobischer Erscheinungen. Tübingen 2005

MENEGALDO, Gilles: Die Stadt im Werk H.P. Lovecrafts. In: Rottensteiner 1997, 231-244.

MOORJANI, Anita: Heilung im Licht. Wie ich durch eine Nahtoderfahrung den Krebs besiegte und neu geboren wurde. München 2012.

MORGENTHALER, Fritz: Homosexualität – Heterosexualität – Perversion. Frankfurt 1987.

PORNSCHLEGEL, Clemens: Nach dem Poststrukturalismus. Französische Fragen der 1990er und 2000er Jahre. Wien/Berlin 2014.

PRISKIL, Peter: Freuds Schlüssel zur Dichtung. Drei Beispiele: Rilke, Lovecraft, Bernd. Freiburg 1996.

Pröll, Julia: Das Menschenbild im Werk Michel Houellebecqs. Die Möglichkeit existenzorientierten Schreibens nach Sartre und Camus. München 2007.

Rottensteiner, Franz (Hg.): Lovecraft Lesebuch. Frankfurt/M. 1987.

Rottensteiner, Franz (Hg.): H.P. Lovecrafts kosmisches Grauen. Frankfurt/M. 1997.

Sauerbruch, Tilman: Und der Haifisch, der hat Jahre. In: Frankfurter Allgemeine Zeitung, 23.08.2016, Nr. 196.

Schallenberg, Jörg: „Das Psycho-Hauptquartier. In: „taz" vom 29.06.2004.

Schaub, Mirjam: Die Feigheit des Affekts. Bei Houellebecq kommt das Ressentiment wieder zu seinem Recht. In: Steinfeld 2001, 33–53.

Schmidbauer, Wolfgang (1977): Hilflose Helfer. Über die seelische Problematik der helfenden Berufe, Reinbek bei Hamburg 2006.

Spiller, Roland: Sex, Lust und Depression. Michel Houellebecqs Kult elementarer Energien. In: Freiburg, Rudolf/May, Markus/Spiller, Roland (Hg.): Kultbücher, Würzburg 2004.

Spöttel, Michael: Vergebliche Hoffnung. Der Mythos von sanften und natürlichen Krebstherapien. Aschaffenburg 2006.

Steinfeld, Thomas (Hg.): Das Phänomen Houellebecq. Köln 2001.

Ullrich, Wolfgang: Siegerkunst – Neuer Adel, teure Lust. Berlin 2016.

Vowinckel, Sigrid: Hellinger – Eine Backlash-Episode. In: Goldner 2003, 178–190.

Waddell, Margot und Williams, Gianna (1991): Überlegungen zu perversen psychischen Zuständen. In: Mätzler, K./Mätzler, R. 2005, 75–88.

Weber, Gunthard: Zweierlei Glück. Die systemische Psychotherapie Bert Hellingers. Heidelberg 2010.

Weyand, Jan: So war es! Zur Konstruktion eines nationalen Opfermythos im Spielfilm „Der Untergang". In: Bischof 2005, 39–68.

Wildt, Michael, in: Zeithistorische Forschungen 2 (2005), Heft 1.

Willi, Jürg: Die Zweierbeziehung, Reinbek bei Hamburg 1975.

Wilson, Edmund: Erzählungen des Wundersamen und des Lächerlichen. In: Rottensteiner 1997, 174–178.

Zander, Helmut: Anthroposophie in Deutschland. Theosophische Weltanschauung und gesellschaftliche Praxis 1884–1945. 2 Bände, Göttingen 2007.

Zaunschirm, Thomas: Kunst als Sündenfall. Die Tabuverletzungen des Jeff Koons. Freiburg im Breisgau 1996.

Zinser, Hartmut: Esoterik. Eine Einführung. München 2009.

Zweifel, Stefan: Depressive Dekadenz. In: Steinfeld 2001, 73–81.

Bibliografische Information der Deutschen Nationalbibliothek
Die Deutsche Nationalbibliothek verzeichnet die Publikation in der
Deutschen Nationalbibliografie; detaillierte bibliografische Daten sind
im Internet über http://dnb.ddb.de abrufbar.

© 2019 müry salzmann
Salzburg – Wien
Lektorat: Mona Müry
Gestaltung: Müry Salzmann Verlag
Druck: Theiss, St. Stefan im Lavanttal
ISBN 978-3-99014-184-7
www.muerysalzmann.at